ESSEN UND TRINKEN IM KLEINKINDALTER

Ernährungswissenschafterin
Mag. Ingeborg Hanreich

7. überarbeitete Auflage

Wichtiger Hinweis:
Die Empfehlungen dieses Buches entsprechen den aktuellen ernährungswissenschaftlichen und medizinischen Kenntnissen bei Fertigstellung des Werkes. Es basiert auf den Empfehlungen des Forschungsinstitutes für Kinderernährung Dortmund, des aid und der deutschsprachigen Ernährungsgesellschaften (DGE, ÖGE, SGE) sowie auf wissenschaftlichen Untersuchungen.
Wissenschaft ist jedoch immer im Fluss! Dadurch kommt es zu abweichenden Meinungen einzelner Wissenschafter und Wissenschafterinnen. In Zweifelsfällen sprechen Sie bitte immer mit Ihrer Ärztin oder einer Ernährungswissenschafterin.

Jede Leserin, jeder Leser ist für das eigene Tun und Lassen selbst verantwortlich. Weder Autorin noch Verlag können für eventuelle Nachteile oder Schäden, die aus praktischen Hinweisen des Buches resultieren, eine Haftung übernehmen.

Noch ein Hinweis:
Bitte haben Sie Verständnis dafür, dass aus Platzgründen im Text nur von Ihrer Ärztin gesprochen wird und dabei gedanklich auch Ihr Arzt einbezogen ist und die Bezeichnungen Stillberaterinnen, Mütter- und Väterberaterinnen, Ernährungswissenschafterinnen, Diaetologinnen bzw. Diätassistentinnen und (für die Schweiz) diplomierte Ernährungsberaterinnen verwendet werden, ohne die männlichen Kollegen ausschließen zu wollen.

Text: Mag. Ingeborg Hanreich
Grafik und Layout: Gerlinde Cathrin Antolkovich
Fotos: Karl Grabherr – www.karlgrabherr.at, Andrea Jungwirth – www.einfachgesagt.com
emmi, evgenyb, imageit & Yasonya – www.fotolia.de
Film und Druck: FINDR, s.r.o., Tschechien

7. überarbeitete Auflage 2021

ISBN 978-3-901518-48-5

Verlag und Direktvertrieb in Österreich: Mag. Ingeborg Hanreich
Esterhazygasse 7/2, A-1060 Wien | Tel.: (+43 699) 17 19 75 03
E-Mail: bestellung@hanreich-verlag.at | Internet: www.hanreich-verlag.at

Für
Camilla,
Max und Thias,
Ricky,
Stoffi,
Tilli, Leela, Uma, Emilia, Alexander,
Lucca, Chiara & Valentin
und
alle Kinder dieser Welt

INHALT

LIEBE LESERINNEN UND LESER!

Mittlerweile liegt die überarbeitete 7. Auflage dieses Buches vor Ihnen. Es hat Freude gemacht, die Anregungen unserer LeserInnen und Elternfragen von unserer Telefonberatung und der persönlichen Beratung (☞ Seite 176) einfließen zu lassen.
Ich hoffe, Ihnen sommit ein hilfreiches und umfassendes Buch anbieten zu können.

Mag. Ingeborg Hanreich
Ernährungswissenschafterin und Stillberaterin

Mein Dank gilt allen ...

... Leserinnen und Lesern unserer Bücher, die mich in kleineren und größeren Abständen schriftlich oder telefonisch immer wieder daran erinnerten, dass die versprochene Fortsetzung von *„Essen und Trinken im Säuglingsalter“* dringend gebraucht wird.

... lieben Menschen, die mich immer wieder unterstützt und angespornt haben: Britta Macho, der „besten Mitstreiterin von allen“ und kreativen Erfinderin unserer Rezepte, Elisabeth und Gerhard Illnar für das Lektorat, Karl Grabherr und Andrea Jungwirth für die tollen Fotos und meiner Grafikerin Gerlinde Cathrin Antolkovich tur ıhre Warmherzigkeit und die grafische Verbesserung der Bücher, meiner rechten Hand, Cornelia Krisper für ihre wertvolle Hilfe bei Recherchen und Lektorat sowie Christoph Peschak für seine tatkräftige Unterstützung.

... meinen Freundinnen Gerlinde Härting, die mir nicht nur als Lektorin hilfreich zur Seite steht, und Regina Wemmert für das Lektorat aus bundesdeutscher Sicht.
... meiner Familie, v. a. meiner Nichte Lucca, Chiara und Valentin, den Fotomodellen, Luccas Mutter Ursula für die großartige Hilfe – ohne sie wäre das Buch nur halb so anschaulich – sowie meiner Mutter Lotte Hanreich für ihre liebevolle Mithilfe und den Blick einer Autorin.

Viel Freude beim Lesen!

Ihre
Ingeborg Hanreich

Aus Babys werden kleine Leute ...

Säuglinge wachsen schneller als gedacht zu Kleinkindern heran. Noch liegt der erste Löffel Beikost nicht lange zurück, die Zähne sind gerade erst durchgebrochen und schon beginnt der Umstieg auf „Familienkost".
Wurde bisher Gläschenkost angeboten oder das Babymenü extra gekocht, so soll das Kind nun durch das Mitessen am Familientisch auch die Esskultur erlernen.

Damit sind Eltern jedoch sehr gefordert. Vielen ist bewusst, dass die eigene Ernährungsweise nicht optimal für ihr Kind ist. Entweder haben sich falsche „moderne" Essensgewohnheiten eingeschlichen, man lebt primär von Fast Food und isst „aus dem Kühlschrank" oder die Ernährung basiert auf der traditionellen Hausmannskost, die zu fett, zu süß und zu salzig ist.

„Großmutters Küche" bietet nicht das, was der Körper eines Kindes an Energie braucht. Seit der Erfindung des Fernsehgerätes, des Computers und der Spiele am Handy verbrauchen viele Kinder zudem deutlich weniger Energie. Gleiches gilt für Erwachsene, deren körperliche Betätigung im Berufsalltag im Vergleich zu früher deutlich geringer geworden ist. Die Familienkost muss also „leichter und gesünder" werden, um alle gut zu versorgen!

... mit großen Ansprüchen ...

Für das optimale Wachstum braucht der Körper Ihres Kindes eine Vielzahl verschiedener Bauelemente und Energie. Beides holt er sich aus der Nahrung. Fehlen darin bestimmte Nährstoffe, Vitamine oder Mineralstoffe, dann kann es zu einer höheren Krankheitsanfälligkeit des Kindes oder zu Entwicklungsverzögerungen kommen. Eine ausgewogene Ernährung, die alles Notwendige enthält, sichert also gesundes Wachstum und das Wohlbefinden Ihres Kindes.

In unserer Wohlstandsgesellschaft besteht oft sichtlich eine Überversorgung an Nahrung. Studien zeigen immer wieder, dass erschreckend viele Kinder schon im Kindergarten- und Schulalter Übergewicht oder einen hohen Cholesterinspiegel haben.
Trotzdem leiden einige Kinder am „Mangel im Überfluss", weil sie zwar viel, aber nicht das Richtige essen. Auf Grund der Einseitigkeit ihrer Ernährung fehlen ihnen wichtige Mineralstoffe (z. B. Calcium), Ballaststoffe und notwendige B-Vitamine.
Müdigkeit, Konzentrationsschwäche, Kopfschmerzen, Hyperaktivität oder etwa Heißhunger sind mögliche Folgen. Auch Karies ist oft schon im Kleinkindalter ein Problem.
Bringen Sie also das richtige Angebot an Nahrung auf den Tisch, damit Ihr Kind gut versorgt ist!

... und mit eigenen Wünschen

Kinder haben jedoch schon bald ihren eigenen Kopf. Es ist daher nicht angeraten, sie dazu zu zwingen, alles täglich in den „richtigen Mengen" zu essen. Halten Sie sich immer vor Augen, dass die angegebenen Richtwerte nur die Richtung anzeigen können.
Empfehlungen sind für das „Durchschnittskind" gemacht, das in Wirklichkeit ja nicht existiert. Es ist daher nicht notwendig, jeden Tag genau abgewogene Mengen einzelner Lebensmittel zu essen, sondern es ist wichtig, das Verhältnis der Lebensmittelgruppen zueinander anhand der auf Seite 15 dargestellten 6–5–4–3–2–1-Faustregel im Auge zu behalten.

Jedes Kind ist anders und jedes Kind isst anders! Schließlich haben auch Erwachsene unterschiedliche Geschmäcker. Max und Thias, die Söhne meiner Kollegin Britta und „Haupttester" der Vorschläge aus unseren gemeinsamen Rezeptbüchern, sind ein gutes Beispiel dafür.
Mag der eine die Füllung der „pikanten Buchteln"(gebackene Hefeteigknödel), so isst der andere ausschließlich das Rundherum.
Der lebhafte Max verschlingt große Mengen, während der ruhigere Thias am liebsten wenig und eher langsam isst bzw. dazu tendiert, mit dem Essen zu spielen.

Sie können davon ausgehen, dass Ihr Kind in den ersten Lebensjahren instinktiv weiß, was es gerade braucht. Kleine Kinder haben noch ein inneres Wissen und spüren, was ihr Körper benötigt.
Ist Ihr Kind sehr quirlig und bewegt sich viel, braucht es an manchen Tagen mehr Wasser und größere Mengen an Energie. Bei Wachstumsschüben oder sonstigen Anforderungen kann es plötzlich riesige Portionen verschlingen, um anderntags wieder auf Sparflamme zu schalten, wenn vom Vortag noch Energiereserven vorhanden sind. Dies geschieht oft ein bisschen zeitlich verschoben, sodass für Eltern die Ursache nicht leicht nachvollziehbar ist.

Manchmal ist es erstaunlich, dass wochenlang eine Speise der absolute Favorit ist und diese dann unversehens völlig uninteressant wird. Das Durchlaufen solcher Phasen hängt damit zusammen, dass der eigene Geschmack erst einmal „gefunden" werden muss. Man hat festgestellt, dass Kinder eine Speise (ausgenommen Süßspeisen) mindestens 8-mal probieren müssen, bevor diese von ihnen als bekannt und beliebt eingestuft wird.

Kinder ...
... durchlaufen Phasen,
... essen mal viel mal wenig,
... entwickeln ihren Geschmack,
... schmecken Speisen intensiver.

WAS IST DENN NUN „RICHTIGE ERNÄHRUNG"?

Der Unterschied zwischen idealer Kinderkost und Erwachsenenkost besteht hauptsächlich in der anderen Portionsgröße und nicht in der Auswahl spezieller Kinderlebensmittel. Um Ihr Kind gut zu versorgen, müssen Sie also wie bei Ihrer eigenen Ernährung einzelne Lebensmittel von guter Qualität sinnvoll kombinieren.

Die Lebensmittelpyramide (☞ Seite 12) zeigt es deutlich – für die richtige Auswahl aus den Lebensmittelgruppen gilt vereinfacht: **Mindestens 2/3 der Nahrung sollen pflanzlich** sein.
Dabei sollen Milch und Milchprodukte von den tierischen Lebensmitteln den höchsten Stellenwert einnehmen. Im Wesentlichen bedeutet eine Umstellung zur richtigen Ernährung also folgende Umverteilung auf dem Teller:

- **Vermehrt Getreideprodukte, Obst, bunte Gemüsesorten und Hülsenfrüchte!** Gemeinsam mit Getränken bilden sie die Basis einer gesunden Ernährung. Ihr Kind darf reichlich davon essen.

- **Regelmäßig Milchprodukte und einmal wöchentlich Fisch!** Milchprodukte liefern Calcium, das den Knochenaufbau ermöglicht, und viele wichtige Mineralstoffe und Vitamine. Fisch enthält nicht nur hochwertiges Eiweiß, sondern auch Jod und andere wertvolle Mineralstoffe.

- **Mäßig Fleisch, Wurstwaren und Eier!** Fleisch und Eier helfen mit, die Muskelmasse aufzubauen, sollen aber nicht der Hauptbestandteil der Speisen sein.

- **Täglich kleine Mengen an pflanzlichen Ölen bzw. Nüssen!** Fette sind kompakte Energieträger. Hochwertige Fettsäuren aus Öl und Nüssen werden jedoch zum Aufbau von Hormonen gebraucht. Wählen Sie unter anderem Walnüsse, Walnuss- oder Rapsöl, denn diese enthalten wichtige Omega-3-Fettsäuren, die z. B. bei der Gehirnentwicklung eine Rolle spielen. Sie sollen deshalb regelmäßig, (aber nur in sehr kleinen Mengen) bei der Zubereitung verwendet werden.

- **Selten fettreiche Gerichte und Süßspeisen!** Frittiertes oder Paniertes – egal ob Pommes, Schnitzel oder Fischstäbchen – soll max. einmal pro Woche angeboten werden. Treffen Sie bei Süßspeisen eine gute Wahl! Wenn die Ernährung insgesamt gut ausbalanciert ist, dürfen kleine Mengen Süßes durchaus geduldet werden.

Mit Qualität die Basis sichern!

Stimmt die Basis, also das Verhältnis der Lebensmittel zueinander, so ist die

Versorgung mit Nährstoffen, Vitaminen, Mineralstoffen und Ballaststoffen für die ganze Familie gesichert. Vitaminsäfte und Mineralstofftabletten sind dann in der Ernährung Ihres Kindes ebenso überflüssig wie spezielle Kinderprodukte mit „Gesundheitswirkung", die in der Regel teurer sind.
Das Geld ist besser angelegt, wenn Sie beim Einkauf der Grundnahrungsmittel auf Qualität achten. **Obst und Gemüse sollen möglichst frisch sein und der Saison entsprechen.** Denn reif geerntete Früchte haben nicht nur den besten Geschmack, sondern enthalten auch viel höhere Menge an Vitaminen.

Nach Möglichkeit sollten Sie Lebensmittel aus biologischer Landwirtschaft bevorzugen. Dies gilt vor allem für Milch und Milchprodukte, denn Milch ist ein heikles Lebensmittel. Rückstände aus Futtermitteln, Medikamenten und sogar Stallanstrichen können sich in Spuren wiederfinden. Wichtig ist BIO-Qualität auch für Produkte aus Vollkorngetreide, dessen Randschichten möglichst frei von Rückständen sein sollen.

Verfolgt man die Schlagzeilen der letzten Jahre in den Medien, dann rückt auch die Qualität von Fleisch und Fleischprodukten in den Mittelpunkt. Will man sichergehen, dass die Tiere mit natürlichen Futtermitteln ernährt wurden, dann muss man zu BIO-Fleisch greifen – es sei denn, man kennt den produzierenden Betrieb persönlich. Grundnahrungsmittel von hoher Qualität bilden insgesamt eine gute Basis für die Ernährung Ihres Kindes.

KURZ

- *Auf Frische achten!*
- *Regional und saisonal einkaufen!*
- *BIO-Qualität bevorzugen!*

Was und wie viel braucht mein Kind?

Viele Eltern wollen am liebsten einen vorgegebenen Speiseplan zur Ernährung ihres Kindes, denn die Unsicherheit ist gerade beim Umstieg auf Familienkost häufig noch sehr groß.
Doch fixe Pläne lassen keinen Raum für individuelle Vorlieben und Familientraditionen. Außerdem sind sie nur für einen bestimmten Zeitraum anwendbar. Die folgenden Kapitel über die einzelnen Lebensmittelgruppen und die Elternfragen dazu sollen Ihnen ein Handwerkszeug zur qualitativen und quantitativen Auswahl bei der Zusammenstellung des Speiseplanes liefern.

Im Durchschnitt benötigt heutzutage ein Kind mit 1 Jahr etwa 850 kcal, mit 2-3 Jahren ca. 950 kcal und im Alter von 4-6 Jahren etwa 1.250 kcal täglich.

Die auf Seite 17 und in den einzelnen empfohlenen Lebensmittelgruppen angegebenen altersgemäßen Verzehrsmengen decken den benötigten Energiebedarf ab. Gleichzeitig stellen sie alle notwendigen Mineralstoffe, Spurenelemente und Vitamine bereit.
Die empfohlenen Mengen sind aber nur Richtwerte, die für ein „Durchschnittskind" berechnet sind.
Wie viel Energie und somit Nahrung Ihr Kind tatsächlich benötigt, hängt sehr von seinem Bewegungsdrang ab. Ist das Kind quirlig, aktiv und ständig unterwegs, verbraucht es wesentlich mehr als bei ruhigem Spiel oder vor dem Fernsehgerät. Auch Wachstumsschübe haben großen Einfluss. Wie viel Ihr Kind essen mag, kann daher von Tag zu Tag erheblich schwanken. Wird gelegentlich deutlich mehr gegessen, so führt das noch nicht zu Übergewicht. Ab und zu eine „kaum angerührte" Mahlzeit verursacht noch keine Mangelerscheinungen.

***Grundsätzlich gilt:** Wenn Ihr Kind gesund ist, sich wohlfühlt und die Kinderärztin mit Größe und Gewicht zufrieden ist, können Sie davon ausgehen, dass die Ernährung den individuellen Energie- und Nährstoffbedarf abdeckt.*
Bestehen auffällige Ernährungsgewohnheiten allerdings über mehrere Monate, so sollten Sie eine Ärztin, eine Ernährungswissenschafterin oder Diätologin (Diätassistentin, in der Schweiz: diplomierte Ernährungsberaterin) zu Rate ziehen.

Die 6–5–4–3–2–1-Faustregel

Vorab noch ein Überblick über eine einfache Regel für die passenden Portionen und Portionsgrößen.

Bei der 6–5–4–3–2–1-Faustregel handelt es sich um eine Regel über die Anzahl an täglichen Portionen aus den einzelnen Lebensmittelgruppen, die in den folgenden Kapiteln (Seite 21 ff.) genauer behandelt werden.
Ein ausgewogener Tagesspeiseplan besteht aus:

6 **Portionen ungesüßter Getränke,** davon darf eine Portion Obstsaft (ca. 1/8 l) sein

5 **mittleren Portionen Beilagen** wie Getreideflocken, Brot, Reis, gekochtem Maisgrieß (Polenta) oder Teigwaren

4 **Portionen Obst und Gemüse,** etwa 50:50 verteilt

3 **Portionen Milch- und Milchprodukten**

2 **kleinen Portionen Fett –** Streichfett, Öl oder Nüsse

1 **Portion Fleisch, Fisch oder Eiern**

Die jeweiligen Portionen sind dabei in der Regel etwa so groß wie der Handteller des betreffenden Kindes.
Obst und Gemüseportionen entsprechen der Menge, die in eine Kinderhand passt. Bei älteren Kindern ist die Hand größer und der Bedarf höher!
Bei den kleineren Fettportionen handelt es sich jeweils um einen Teelöffel bis Esslöffel voll (je nach Alter).

Wenn das alles (6–5–4–3–2–1) passt, darf es auch noch 1 Portion Süßes oder Knabbereien pro Tag sein, aber auch diese sollte in die Hand des jeweiligen Kindes passen. Beachten Sie, dass süße Getränke ebenfalls zum Süßen gerechnet werden.

Der aid (☞ Adressverzeichnis) gibt die Reihenfolge der 6–5–4–3–2–1-Regel etwas anders an. Er stellt die Portion „Fleisch, Fisch oder Eier" neben die Milchprodukte, weil beide Gruppen tierische Lebensmittel sind. An der Spitze der Lebensmittelpyramide befinden sich dann Süßes und Knabbereien.

Für viele ist es leichter, die Mengen der einzelnen Lebensmittelgruppen mit Hilfe dieser handlichen Portionen abzuschätzen, anderen sagt eine konkrete Mengenangabe mehr zu. Beides ist in den folgenden Kapiteln vorzufinden.

Einen Überblick über die empfohlenen Mengen an Lebensmitteln im Alter von einem Jahr, von 2 – 3 Jahren und 4 – 6 Jahren finden Sie auf Seite 17. Wenn Sie dazu die ab Seite 21 folgenden Informationen und die Elternfragen zu den einzelnen Lebensmittelgruppen beachten, werden Sie gewiss die richtige Ernährungsweise für Ihr Kind finden!

Ist Ihr Kind allergiegefährdet, dann lesen Sie bitte vorab das Kapitel *„Was tun, wenn mein Kind allergiegefährdet ist"* (☞ Seite 149)! Hier erfahren Sie, worauf Sie im 2. Lebensjahr und beim Umstieg auf Kuhmilch als Getränk noch achten sollen.

Merkblätter aus unserer Feder:

In unserem Online-Shop unter www.hanreich-verlag.at finden Sie (um 0,90 € / Stück) folgende Merkblätter:

- *Kuhmilchallergie & Calciumversorgung*
- *Bioprodukte & ihre Gütesiegel*
- *Langzeitstillen*
- *Knabbereien im Kindesalter*
- *Ernährung bei Erkrankung des Kindes*
- *Hyperaktivität bei Kindern*
- *Wie gesund sind Kinderlebensmittel*
- *Buchtipps – Kinderbücher*

und ca. 30 weitere...

Altersgemäße Lebensmittelverzehrmengen im Überblick

Die im Überblick aufgelisteten *empfohlenen Lebensmittel* decken etwa 90 % der benötigten Energie ab und stellen gleichzeitig alle notwendigen Mineralstoffe, Spurenelemente und Vitamine bereit. Der restliche Energiebedarf kann entweder durch 10 % mehr aus diesen Grundnahrungsmitteln oder aus der einen Portion (Handvoll) sogenannter *geduldeter Lebensmittel* gedeckt werden. Zu diesen zählen süße Getränke (Limos, Kakao), Süßigkeiten und Knabbereien.

Empfohlene Lebensmittel (≥ 90 % der Gesamtenergie)

Alter des Kindes	1 Jahr	2 – 3 Jahre	4 – 6 Jahre
Getränke	600 ml/Tag	700 ml/Tag	800 ml/Tag
Brot bzw. Getreideflocken	80 g/Tag	120 g/Tag	150 g/Tag
Kartoffel*	100 g/Tag	120 g/Tag	150 g/Tag
Gemüse, Rohkost, Salat	120 g/Tag	150 g/Tag	200 g/Tag
Früchte, Beeren	120 g/Tag	150 g/Tag	200 g/Tag
Milch, Milchprodukte**	300 ml (g)/Tag	330 ml (g)/Tag	350 ml (g)/Tag
Fleisch, Wurst	30 g/Tag	35 g/Tag	40 g/Tag
Fisch	25 g/Woche	35 g/Woche	50 g/Woche
Eier	1 – 2 Stk./Woche	1 – 2 Stk./Woche	2 Stk./Woche
Öl, Margarine, Butter	15 g/Tag	20 g/Tag	25 g/Tag

* oder Nudeln, Reis u. a. Getreide
** 100 ml Milch entsprechen im Calciumgehalt ca. 15 g Schnittkäse oder 30 g Weichkäse

Geduldete Lebensmittel (≤ 10 % der Gesamtenergie)

Alter des Kindes	1 Jahr	2 – 3 Jahre	4 – 6 Jahre
Süßes, Knabbereien, Limos	85 kcal/Tag	95 kcal/Tag	125 kcal/Tag

Quelle: Forschungsinstitut für Kinderernährung, Dortmund, 2013

Instinkt, Werbung, Tradition und Vorbild

Je älter die Kinder werden, desto mehr beeinflussen Werbung und unsere eigenen Traditionen und Gewohnheiten ihre Essenswünsche. Diese Einflüsse von außen können den Instinkt überlagern. Schon bald zeigen sich die gleichen Ernährungsfehler wie bei den erwachsenen Vorbildern, denn Kinder ahmen ihre Eltern im Ernährungsverhalten nach und übernehmen spezielle Abneigungen und manchmal auch Vorlieben. Mag die Mutter keinen Fisch oder der Vater keine Äpfel, so ist die Wahrscheinlichkeit groß, dass das Kind Fisch bzw. Äpfel ablehnt.
Dabei achten Kinder weniger auf Ermahnungen oder Empfehlungen, sondern beobachten Mienenspiel, Gestik und Tonfall der Erwachsenen – sie durchblicken sehr rasch, was vor sich geht. Ihren wachsamen Augen entgeht nicht die kleinste Zwiespältigkeit. Ihr Kind wird beispielsweise am Ton Ihrer Stimme oder Ihrer Mimik merken, ob Sie die Ablehnung von Süßem wirklich ernst nehmen.

Ebenso schnell erkennen Kinder, wenn beide Eltern zu einem Thema unterschiedlicher Ansicht sind. Versucht beispielsweise die Mutter, Vollkornprodukte im Speiseplan zu etablieren, während der Vater diese „offensichtlich" ablehnt, so kommt das Kind in den Konflikt, sich zwischen den beiden Meinungen entscheiden zu müssen. Mitarbeit und Vorbildwirkung des Vaters wiegen deshalb schwer, weil er in den meisten Familien seltener zu Hause ist als die Mutter – seine Meinung wird daher intensiver wahrgenommen und zählt aus der Sicht der Kinder besonders stark. Speziell Buben orientieren sich gerne am Vater als Rollenvorbild. Mütter haben hingegen größeren „praktischen" Einfluss, weil meist sie für die Auswahl der Lebensmittel beim Einkauf oder bei der Wahl aus der Speisekarte verantwortlich sind.

Stimmen Sie geplante Änderungen im Ernährungsverhalten also nach Möglichkeit mit Ihrem Partner bzw. Ihrer Partnerin ab. Bewährt hat sich das gemeinsame Erstellen des Wochenspeiseplanes am Wochenende. Das erleichtert Ihnen auch den Einkauf. Ältere Kinder können dabei ebenfalls eingebunden werden und z. B. an einem Tag der Woche ihre Lieblingsspeise auf den Plan bringen. Dadurch wird die Akzeptanz des gesamten Speisenangebotes in der Regel erhöht. Neue Speisen werden besser akzeptiert, wenn Kinder bei der Zubereitung mithelfen können.

Die „Durststrecke zwischen 5 und 15"

In vielen Gesprächen zeigen sich Eltern frustriert, weil ihr Einfluss auf die 5- bis 15-jährigen Sprösslinge deutlich geringer wird. Immer mehr prägen Werbung, gleichaltrige Freunde oder Idole das Verhalten des Kindes. Vom Zaun gebrochene Machtkämpfe nützen da wenig und sind oft sogar kontraproduktiv. Hier gilt es, den eigenen Einflussbereich abzugrenzen und sich bewusst zu werden, dass die Weichen, die man zuvor gestellt hat, nicht nur für die Kindheit, sondern auch für das spätere Leben maßgebend sind. Viele Wurzeln des Ernährungsverhaltens von Erwachsenen liegen in der frühen Kindheit, denn dann wird geprägt, was als „bekannt" gilt und vertraut ist.

Hat Ihr Kind Grünkern, Vollkornteigwaren oder Hirse bereits im Kleinkindalter kennengelernt, dann greift es in späteren Jahren eher dazu. Sind Obst und Gemüse selbstverständlicher Bestandteil auf dem Familientisch, dann werden sie wahrscheinlich auch später gewählt, selbst wenn Ihr Kind zwischenzeitlich einzelne Lebensmittel ablehnt.

Verzweifeln Sie also nicht, sollte Ihr Kind ab und zu in seinem Verhalten von den Vorstellungen, was gesunde Ernährung ist, abweichen. Nehmen Sie es möglichst gelassen, und geben Sie mit Ihrem Vorbild die richtige Richtung am Familientisch an!

KURZ

- ***Bekanntes ist beliebt.***
- ***Das Vorbild zählt!***
- ***Beide Eltern prägen Vorlieben und Abneigungen.***

DIE EINZELNEN LEBENSMITTELGRUPPEN

Nachfolgend finden Sie die 7 Lebensmittelgruppen, die die Basis der Ernährung bilden, sowie Süßes und Gewürze. In den jeweiligen Kapiteln habe ich Elternfragen beantwortet, die in unseren Telefonberatungen immer wieder gestellt worden sind. Sollten noch Fragen offen bleiben, so können Sie gerne an nebenstehender Nummer anrufen oder eine Beratung in Anspruch nehmen (www.hanreich-verlag.at).

Ernährungsinformation für Mutter und Kind

Terminvereinbarungen mit Frau Mag. Ingeborg Hanreich Montag bis Freitag von 9.30 bis 14.00 Uhr (+43 0) 699 17 19 75 03

Getränke löschen den Durst

Der Körper eines Kleinkindes besteht zu über 2/3 aus Wasser, der eines Erwachsenen zu etwas mehr als der Hälfte. Wasser ist lebensnotwendig, es ermöglicht als Hauptbestandteil des Blutes die Versorgung der Zellen mit Baustoffen und Energie. Fehlt dem Körper Flüssigkeit, so bemüht sich die Niere, Wasser einzusparen.

Dadurch kann jedoch die Reinigung und Entgiftung des Blutes nicht mehr optimal funktionieren. Die auszuscheidenden Stoffe belasten die Niere, und Nierenprobleme im Alter sind die schmerzhafte Folge.

Erlauben Sie daher immer zu trinken!

Kinder sollen lernen, lieber ein Glas zu viel als zu wenig zu sich zu nehmen, auch wenn das manchmal nasse Hosen bedeuten kann. Als Ergänzung zur „festen“ Nahrung und zur empfohlenen Menge an Milch und Milchprodukten (die wegen der enthaltenen Nährstoffe nicht zu den Getränken gezählt werden) bedeutet das idealerweise eine Trinkmenge von etwa einem Dreiviertelliter.

Das sind verteilt auf alle Mahlzeiten und Zwischenmahlzeiten täglich 5 Tassen oder halbe Becher, Gläser bzw. Fläschchen (120 – 160 ml) mit Getränken. Zusätzlich zu den 5 kleinen Portionen darf es als 6. eine 100 ml Portion von 100%igem Obst- oder Gemüsesaft sein, die eine der ursprünglich 5 Obst- bzw. Gemüseportionen ersetzen.

Alter des Kindes	1 Jahr	2 – 3 Jahre	4 – 6 Jahre
Getränke	600 ml/Tag	700 ml/Tag	800 ml/Tag

Die meisten Kinder verlangen instinktiv nach Getränken, denn der Körper versucht Wassermangel zu verhindern und sendet als Signal das Durstgefühl, wenn der „Wasserspiegel" im Blut sinkt.

Leider funktioniert das nicht immer. Bei einigen Kindern ist das Durstgefühl nicht so gut ausgeprägt, oder sie vergessen zu trinken, weil sie mit voller Konzentration spielen.
So manchem Kind wird der Durst erst beim Anblick der verlockenden Getränke bewusst. Stellen Sie Gläser und Krüge mit Getränken in Sichtweite des Kindes bereit! Erinnern Sie Ihr Kind immer wieder daran zu trinken und gehen Sie selbst – für das Kind offensichtlich – mit gutem Beispiel voran!

Bei sommerlicher Hitze bzw. vermehrter Bewegung benötigen Kinder eine Extraportion Flüssigkeit, evtl. sogar die doppelte Menge.

Wasser wird bei der Kühlung des Körpers verbraucht, weil es auf der Haut als Schweiß verdunstet. Im Verhältnis zum Körpergewicht haben Kinder eine größere Körperoberfläche als Erwachsene. Häufig werden Kinder auf dem Spielplatz oder unterwegs durstig.
Denken Sie darum immer an eine „Wasserflasche" bzw. eine Thermosflasche mit geeigneten Getränken für unterwegs! Kommt es Kindern darauf an, unterwegs ein buntes Getränk zu erhalten, so wählen Sie Fruchtsaft – möglichst mit Wasser gemischt.

Bei Fieber, Durchfall oder Erbrechen verliert der Körper größere Mengen Flüssigkeit, die dringend ersetzt werden müssen! Warmer Kräutertee oder Suppen helfen hier mit, den Flüssigkeitshaushalt wieder ins Lot zu bringen.

Als Durstlöscher sind Trinkwasser aus der Wasserleitung (sofern die Wasserqualität stimmt), **mildes, stilles Mineralwasser sowie ungesüßter Kräutertee bzw. milder Früchtetee bestens geeignet.**

Leitungswasser (Hahnenwasser), welches länger als 4 Stunden in der Leitung gestanden hat, soll aber nicht für Speisen oder Getränke von Kindern und Erwachsenen verwendet werden. Lassen Sie das Wasser laufen, bis es merklich kühler wird. Sie können das erste Wasser zum Blumengießen verwenden.

Verdünnte Obst- oder Gemüsesäfte und sehr verdünnter Fruchtsirup mit hohem Fruchtanteil sind ebenfalls empfehlenswerte Durstlöscher.
Sauermilch, Buttermilch, Joghurt, Kefir, Milchmixgetränke und Molkegetränke können zwar getrunken werden, wer-

den jedoch nicht zu den Getränken, sondern zur Lebensmittelgruppe der Milchprodukte gezählt.

Mineralwasser

Mineralwässer liefern verschiedene Spurenelemente und Mineralstoffe (z. B. Calcium, Magnesium), die unter anderem für den Aufbau der Knochen und Zähne wichtig sind.
Kinder mögen nicht jede Sorte Mineralwasser, denn – abhängig von den Mineralstoffen – hat jedes einen anderen Geschmack.

Achten Sie beim Einkauf darauf, dass das Mineralwasser möglichst wenig Natrium und wenig Nitrat enthält. Die Marken sollen anderenfalls nach wenigen Wochen gewechselt werden, damit eine größere Ausgewogenheit an Mineralstoffen in den Getränken erreicht wird. Es gibt sehr calciumreiches Wasser (z.B. Contrex), das gut geeignet ist, wenn Ihr Kind keine oder wenig Milchprodukte zu sich nimmt.

Manche Kinder vertragen die Kohlensäure in prickelndem Mineralwasser bzw. Sodawasser nicht. Das „Kribbeln" im Magen reizt ihre empfindlichen Magenschleimhäute und wird als unangenehm empfunden. In diesem Fall sollten Sie auf hochwertiges Leitungswasser, Tafelquellwasser oder stilles Mineralwasser ausweichen.

Tee

Ungesüßter Kräuter- oder Früchtetee löscht den Durst ebenfalls sehr gut. Im Sommer können Sie morgens eine größere Menge Tee zubereiten und später kalt servieren!
Manche Kinder verweigern ungesüßten Tee. Wenn Sie ihn hingegen mit max. 1/6 Fruchtsaft mischen, sodass er leicht süßlich wird, kann Tee zum Lieblingsgetränk werden. Bei solchen „Spezialmischungen" sind Ihrer Fantasie keine Grenzen gesetzt!

Hier ein paar Anregungen für milde Mischungen:

- **Zitronenmelissentee mit Apfelsaft (evtl. mit einer Prise Zimt)**
- **Hagebuttentee mit Orangensaft**
- **Waldbeerentee mit Ribiselsaft (Johannisbeersaft)**

Solche Mischungen sind als „Spezialmix für den kleinen Tiger" oder als „wahrlich phänomenaler Bärentrank" sehr beliebt.

Lassen Sie Kräutertee nur ca. 3 Minuten ziehen, da manche Sorten sonst bitter werden. Früchtetee können Sie hingegen länger ziehen lassen und dann nach Geschmack verdünnen.
Verwenden Sie einfache Teebeutel (z. B. Hagebuttentee mit Hibiskus) oder lassen Sie sich im Teehaus, in der Drogerie oder in einer Apotheke Ihre persönliche Spezialmischung – beispielsweise aus Hagebutten, getrockneten Apfelschalen, etwas Hibiskus oder Waldbeeren – mischen.

***Beim Einkauf von Früchtetee** sollten Sie darauf achten, dass dieser nicht aromatisiert ist. Für die Niere Ihres Kindes sind Mischungen ohne zugesetzte Aromastoffe gesünder!*

Fruchtsaft

Fruchtsaft ist als Getränk sehr beliebt und liefert wichtige Vitamine, besonders Vitamin C. Bei Obst-Essmuffeln kann 1/8 l Fruchtsaft eine Portion Obst ersetzen.
Obstsaft soll jedoch weder unbeschränkt, noch unverdünnt angeboten werden. Denn auch 100%iger Saft enthält viel (Frucht)zucker. Erst durch eine Verdünnung mit Wasser, Mineralwasser oder Tee von mindestens 1:1 werden Obstsäfte zu Durstlöschern.

Achten Sie beim Einkaufen darauf, „Fruchtsaft" zu nehmen. Dieser ist ausschließlich aus frischen Früchten oder Fruchtkonzentraten hergestellt und darf (im Gegensatz zu Limonadegetränken) keine Farbstoffe, Konservierungsstoffe oder sonstige Zusätze enthalten. „Fruchtnektar" besteht nur etwa zur Hälfte aus Fruchtsaft oder Fruchtmark, der Rest ist Zuckerwasser.

Auch viele Dicksäfte enthalten nur bis zu 40 % Fruchtanteil und viel Zucker. Besonders bei Holunderblütensaft mit Zitronensäure und bei Ribiselsaft (Johannisbeersaft), der viel natürliche Säure enthält, ist der Zuckeranteil sehr hoch, um die Säure auszugleichen. Sowohl Säure als auch Zucker gefährden die Zähne. Fruchtsirup – egal, ob gekauft oder selbst gemacht – soll deshalb sehr stark verdünnt bzw. mit mildem Tee gemischt werden, damit Sie Ihr Kind nicht zu sehr auf den Süßgeschmack prägen.

Achten Sie darauf, reine Fruchtsäfte zu wählen. Nektare und Saftgetränke enthalten zugesetzten Zucker.

Gemüsesaft

Gemüsesäfte sind kaum zuckerhaltig und liefern viele wichtige Vitamine und Mineralstoffe. Verdünnter Karottensaft (Möhrensaft) oder Tomatensaft ist nicht nur ein guter Durstlöscher, Gemüsesäfte erhöhen auch die Vielfalt an Mixgetränk-Variationen. Sie können – gemeinsam mit Ihrem Kind – so manchen witzigen „Baumeister-Shake", „Puppen-Drink", „Spezial-Gänsewein" oder einen „Dinosaurier-Mix" erfinden.
Hier drei Anregungen:

- **Karottensaft – Orangensaft – Mineralwasser**
- **Tomatensaft – Zitrone – Wasser**
- **pürierte Gurke – Joghurt – Mineralwasser**

Für Kleinkinder sind Limonaden, Light-Limonaden, Brausegetränke, Colagetränke (koffeinhaltig!), Kaffee, Schwarztee, Eistee aus Schwarztee mit Fruchtaroma, Energydrinks, isotonische Getränke und jegliche Art von alkoholhaltigen Getränken ungeeignet!

Kann Fruchtsaft eine weitere Obstportion ersetzen?

Wenn Kinder Obst gänzlich verweigern oder nur sehr ungern essen, kann etwa 1/8 l eines 100%igen Fruchtsafts eine kleine Obstportion ersetzen. Im Saft sind sowohl Mineralstoffe als auch natürliche Vitamine zu finden. Bei der Herstellung von Fruchtsaft aus Konzentraten wird durch das Erhitzen und Eindicken das natürliche Vitamin C allerdings weitgehend zerstört.

Dem **Obstsaft aus Saftkonzentraten** wird deshalb meist Vitamin C (Ascorbinsäure) zugesetzt, manchmal mehr als natürlicherweise vorkommt, wodurch vielen Kindern der Geschmack dieser Säfte (wie bei Vitamin-C-Brause) zu sauer ist. Vereinzelt gibt es auch Unverträglichkeiten des „künstlichen" Vitamin C.
Der Zuckeranteil bleibt hingegen im Obstsaft voll erhalten, weshalb selbst 100%iger Obstsaft als Durstlöscher immer mindestens 1:1 verdünnt werden soll.

Wenn möglich, sind deshalb naturtrübe Obstsäfte oder frisch gepresste Säfte vorzuziehen. **In naturtrüben Säften** ist der Ballaststoffanteil höher.
Da im Saft generell weniger Ballaststoffe enthalten sind als im ganzen Obst, soll Obstsaft nur ab und zu eine Obstportion ersetzen. Wenn Ihr Kind jedoch Obst nur als Saft akzeptiert ist es besser, als kein Obst im Speiseplan.

Sind Smoothies eine gute Alternative?

Smoothies (Ganzfruchtgetränke) werden aus Obst- oder Gemüsepüree (gemischt mit Saft bzw. Milchprodukten) hergestellt. Sie sind eine gute Alternative zu Obstsaft, wenn es gilt eine Obstportion zu ersetzen.
Beträgt der Anteil an Fruchtmark bzw. Gemüsepüree mehr als 50 % und ist weniger an konzentriertem Saft und keine Zuckerart zugesetzt, so können Smoothies bis zu 2 Obst- bzw Gemüseportionen abdecken.

Hilfe, mein Kind trinkt kaum!

Während manche Kinder durch die Konzentration auf ihr Spiel zu trinken vergessen, sind andere generell kaum zum Trinken zu bewegen.
„Was soll ich tun, wenn mein Kind kaum trinkt?", fragen viele Mütter. Manche Kinder „wissen" nicht, wann sie Durst haben. Sie müssen immer wieder an das Trinken erinnert werden, am bes-

ten dadurch, dass eine Lieblingstasse des Kindes gut sichtbar bereitsteht. Bieten Sie auch zwischendurch immer wieder kleine Schlucke Wasser an, damit Ihr Kind das Trinken lernt – und trinken Sie mit!

Manchmal hängt die Akzeptanz von der Art der Darreichung ab. Probieren Sie Lerntasse, Tasse oder Glas mit Strohhalm.

Außerdem können Sie neue Getränkekombinationen erfinden. Beliebt sind neben Tee mit Fruchtsaft auch Sauermilch mit Fruchtmus und etwas prickelndem Mineralwasser.

Wenn Ihr Kind überhaupt nicht trinken mag, sollten Sie darauf achten, dass es über Suppen, Eintöpfe und Kompotte vermehrt Flüssigkeit aufnimmt. Bieten Sie evtl. zusätzlich eine Extraportion Gemüse bzw. Obst (z. B. Melonen) an, denn diese Lebensmittel enthalten viel Wasser. Sprechen Sie mit Ihrer Kinderärztin!

... aber ich will doch, dass mein Kind „trocken bleibt"!

Untersuchungen aus Dortmund zeigen, dass Eltern Kleinkindern im 3. bzw. 4. Lebensjahr aufgrund des Töpfchentrainings immer wieder Getränke verbieten. Außerdem versuchen viele ihr Kind zu schnellerem Essen zu bewegen und entziehen deshalb bei den Mahlzeiten die Getränke.

Beides stellt langfristig für das Kind einen großen Schaden dar, denn so wird die Entgiftung seines Körpers durch Niere und Darm sehr eingeschränkt. Zudem werden auf diese Weise falsche Trinkgewohnheiten eingeprägt und das Kind wird daraufhin oft „trinkfaul". Nehmen Sie lieber eine lange Mahlzeit bzw. beim Abgewöhnen der Windel öfter nasse Kleider in Kauf!

Soll ich zu den Mahlzeiten Getränke anbieten?

Immer wieder sind Mütter unsicher, ob Getränke auch zu den Mahlzeiten gereicht werden dürfen.

Grundsätzlich soll zu jeder Mahlzeit getrunken werden, damit die empfohlene Menge an Flüssigkeit erreicht werden kann, vor allem von Kindern, bei denen das Essen ohne Getränk „nicht so recht rutschen will". Hier ist ein kleines Glas Wasser, ungesüßter Tee oder stark verdünnter Fruchtsaft zur Mahlzeit eine gute Lösung.

Werden knapp vor dem Essen Milch, Saft oder gesüßte Getränke angeboten, verringern diese das Hungergefühl und „verderben" den Appetit!

Sind selbst gemachte Fruchtdicksäfte besser?

Dicksäfte (Sirupsorten) sind vergleichsweise billig, bei den Kindern beliebt

und ersparen das schwere Tragen von Saftpackungen. Achten Sie beim Kauf darauf, dass Dicksäfte frei von Farbstoffen und Aromen sind, sonst sind sie als Getränk nicht besonders geeignet. Qualitätvolle Produkte zeichnen sich durch hohen Fruchtanteil aus.
Ihnen ist – abhängig von der verwendeten Rezeptur – oft nur wenig Zucker zugesetzt, da der Fruchtsaft schonend, stark konzentriert wird.

Bei allen Dicksäften – auch bei selbst gefertigtem Ribisel- (Johannisbeer-), Kirsch- oder Hollersaft (Holunderblütensaft) – ist immer der hohe Zuckergehalt zu beachten und der Sirup ist dementsprechend zu verdünnen. Der Saft **sollte daher nur schwach süßlich schmecken,** dann ist er als Kindergetränk geeignet.

Holunderblüten-, Pfefferminz- und Melissensirup werden meist mit Zitronensäure versetzt. In höheren Mengen kann diese bei empfindlichen Kindern Nierenschmerzen auslösen.
Sorgen Sie daher dafür, dass der Säureanteil im verdünnten Getränk viel geringer ist!

Wird wenig Säure und keine Einsiedehilfe als Konservierungsmittel zugegeben, erhöht sich meistens der Anteil an Zucker, damit der Saft haltbar bleibt. Sie können die Zuckerzugabe sogar ganz vermeiden, wenn Sie Fruchtdicksaft (z. B. in Eiswürfelbehältern) tieffrieren. Beachten Sie jedoch bei der Wahl der Gefäße, dass sich der Saft beim Einfrieren stark ausdehnt.

Mein Kind liebt Limo, muss ich diese verbieten?

Limonaden bzw. Brausegetränke sind bei Kindern sehr beliebt. Sie sind bunt, süß, prickelnd und einfach „genial“. Außerdem werden Limos überall in praktischer, ansprechender Kinderpackung (in aufdrehbaren Plastikflaschen, Kleinpackungen etc.) angeboten.

Leider erhalten Limonaden ihren Geschmack mittlerweile nicht mehr von den Limonen, sondern von zugesetzten Geschmacksstoffen (z. B. Fruchtsäuren), und die bunten, ansprechenden Farben kommen vorwiegend von künstlichen Farbstoffen.
Diese „Zusätze“ sind für Kleinkinder nicht unumstritten und die Vielzahl an Farb- und Geschmacksstoffen bekommt manchen empfindlichen Kindern nicht.
Koffeinhaltige Colagetränke sind keinesfalls sinnvoll und sollen nicht nur im Kleinkindalter vermieden werden. **Sie können die Ursache für „hyperaktives“ Verhalten bei Kindern sein.**

Alles in allem sind Limonaden als Kindergetränk nicht empfehlenswert! Bevorzugen Sie verdünnte, 100%ige Fruchtsäfte, Tee oder Wasser!

Will Ihr Kind auf Limonaden nicht verzichten, so ist Verdünnen mit Mineralwasser eine kleine Verbesserung. Denn der Zuckeranteil von Limonadegetränken kann sogar bis zu 40 Stück Würfelzucker je Liter betragen! Durch diesen sehr hohen Zuckergehalt wird der Durst eher vergrößert als gelöscht!

Daher muss ein Glas Limonade auch zu den Süßigkeiten statt zu den Getränken gerechnet werden.

Immer wieder kommt es zu Vergiftungsunfällen bei Kleinkindern, weil Reinigungsmittel in Limoflaschen umgefüllt werden bzw. nicht kindersicher genug verstaut sind.
Und was ist für diese flinken Kleinen nicht alles erreichbar!

Belassen Sie daher Ungenießbares in Originalverpackungen mit Warenhinweis. Speichern Sie die Nummer des Giftnotrufs (☞ Adressverzeichnis) im Handy ein! Verschließen Sie Schränke mit Putzmitteln etc. kindersicher!
Lassen Sie im Fall des Falles nicht automatisch Milch oder Wasser nachtrinken, wie das häufig erzählt wird! Das ist besonders bei schäumenden Produkten (z. B. Geschirrspülmittel, Shampoo) sehr gefährlich!

Sind Light-Limos bei rundlichen Kindern sinnvoll?

Wenn Kinder zu Übergewicht neigen, stellt sich Eltern oft die Frage, ob Diät-Limonaden eine gute Alternative zu den begehrten Limos sind.

Jenen ist statt Zucker künstlicher Süßstoff – meist Acesulfam K oder Aspartam – zugesetzt. Zwar reduziert sich dadurch der Kaloriengehalt bedeutend und die bei uns zugelassenen Süßstoffe sind nach bisherigen Untersuchungen nicht gesundheitsschädlich, doch sind die Mengen in Light-Limonaden auf die Verträglichkeit von Erwachsenen zugeschnitten.

Muss Ihr Kind Übergewicht abbauen, so soll max. ein Glas Light-Limonade pro Tag getrunken werden. Wenn Ihr Kind größere Mengen davon trinkt und evtl. zusätzlich Vitamine, Magnesium oder Calcium in Form von Brausetabletten bekommt, die Süßstoff enthalten, wird allzu leicht die von der Weltgesundheitsorganisation festgelegte Höchstgrenze an Süßstoffen für Kleinkinder überschritten.

Abgesehen davon, sollten Sie auch wegen der Farb- und Geschmacksstoffe auf Limonaden verzichten und lieber zu verdünntem Obstsaft greifen.

Beachten sie auch, dass Mineralwasser mit Geschmack oft Süßstoff oder etwas Zucker enthält. Hier wie dort zählt die Menge.

Auch immer mehr Fruchtnektare werden statt mit Zucker mit dem Süßstoff Aspartam gesüßt. Laut Forschungsinstitut für Kinderernährung in Dortmund sollen Kleinkinder max. 1 Glas derartiger Fruchtnektare pro Tag trinken. Besser Sie verzichten!

Ab wann darf ich meinem Kind Kinderkaffee geben?

Sich zum Kaffee zusammenzusetzen ist vielen Eltern und Großeltern eine lieb gewonnene Gewohnheit, an der auch die Kinder teilnehmen wollen. Doch ist klar, dass Bohnenkaffee für Kinder generell nicht geeignet ist.

Neben Koffein, das aufputschend wirkt, Schlafstörungen verursacht und das Kind hyperaktiv macht, enthält Bohnenkaffee auch unerwünschte Röstprodukte und Kaffeesäure. Diese würden das Verdauungssystem und die Niere Ihres Kindes belasten. Kaffee hemmt außerdem die Eisenaufnahme aus der Nahrung.

Als alternatives Milchgetränk zum Bohnenkaffee bietet sich da der sogenannte „Kinderkaffee" bzw. Malzkaffee an, der auch als Instantprodukt erhältlich ist. Der leicht bittere Geschmack wird manchmal gern gemocht.
Der „Kinderkaffee" kann für Kinder ab dem 3. Lebensjahr in Maßen (max. 1 Tasse / Tag) verwendet werden.

Wir trinken gerne Eistee und Grüntee, ist das etwas für Kinder?

Schwarztee und Grüntee enthalten eine dem Koffein vergleichbare Substanz, **weshalb herkömmlicher Eistee** auf dieser Basis (auch mit Fruchtgeschmack Pfirsich, Zitrone oder Orange / Apfelsine) **kein Kindergetränk ist.** Fruchtaromen täuschen oft darüber hinweg, dass es sich um Schwarztee oder Grüntee handelt. Beachten Sie das Etikett!

Generell ist Eistee sehr gesüßt. Wenn überhaupt, so soll nur Eistee auf Früchtetee- oder Kräuterteebasis angeboten und dieser unbedingt verdünnt werden. Sie können solchen aber auch einfach selber machen und gekühlt mit etwa 1/6 Fruchtsaft anbieten.

Mit Eiswürfel, Fruchtdekor und Schirmchen wirkt er im Sommer unwiderstehlich.

Schadet es, von alkoholischen Getränken probieren zu lassen?

Viele Kinder wollen immer gerne von allem kosten. Insbesondere die „verbotenen" Getränke der Erwachsenen locken mit Schaumkronen und leuchtenden Farben.
Doch **Alkoholika sind für Kinder gänzlich ungeeignet** und sollen auch in kleinen Mengen (z. B. in Speisen) vermieden werden.

Zwar haben geringe Mengen (z. B. ein bisschen Bierschaum) noch keine negativen Auswirkungen im Gehirn und bewirken noch keine Verminderung der Intelligenz, aber **mehrmaliges Kosten von Alkoholika oder von alkoholhaltigen Getränken** (auch Kefir bzw. Kombucha) **oder Süßspeisen** (Likörbonbons, Rumkugeln, Tiramisu, Faschingskrapfen mit Alkohol, Punschkrapfen) **kann das Kind auf den Geschmack kommen lassen.**

Besonders in Familien, in denen schon ein Alkoholproblem besteht, sollen auch kleine Mengen Alkohol (z. B. in Aromen) vermieden werden!
Durch die Vorprägung auf Alkoholika sinkt die Hemmschwelle, alkoholische Getränke im Schulalter frühzeitig selber zu probieren.

Da Kinder immer gerne das Gleiche wie Erwachsene haben wollen, können Sie statt Bier den ihm optisch ähnlichen, gespritzten Apfelsaft anbieten. Malzbier und „alkoholfreies" Bier sind hingegen keine Alternativen, da sie sehr wohl Alkohol in geringen Mengen enthalten.
So gesund die Bezeichnung „Malzbier" klingen mag, es ist auch auf Grund des hohen Zuckergehaltes nicht empfehlenswert.

Roter Trauben- oder Beerensaft kann die mit Rotwein gefüllten Gläser der Eltern nachahmen. Doch als Durstlöscher eignet sich nach wie vor „Gänsewein" – also Wasser – am besten.

Was halten Sie von Energydrinks für Kinder?

Energydrinks für Erwachsene enthalten viel Koffein (eine Dose etwa so viel wie ein doppelter Espresso) und sind für Kinder keinesfalls geeignet.
Inzwischen entwickelte man auch Energyprodukte für Kinder (fast) ohne Koffein. Energydrinks trumpfen mit einer langen Liste an zugesetzten Vitaminen auf, das verstellt oft den Blick auf die Unmengen an Zucker und auf Farb- und Geschmacksstoffe.
Bei ausgewogener Nahrungsauswahl ist diese Extraration an Vitaminen und Mineralstoffen jedoch gänzlich unnötig.
Kinder werden durch diese Getränke zudem an den Geschmack der Powerdrinks gewöhnt, sodass der Umstieg zu koffeinreichen Energydrinks im späteren Alter vorprogrammiert wird.

Bieten Sie als Alternative lieber eine Molke-Fruchtsaft-Mischung oder ein Buttermilchgetränk als energiespendenden „Sportlerdrink" an!

Ist (selbst gemachter) Kombucha für Kinder geeignet?

Das japanische **„Teepilz"-Getränk Kombucha** wurde vor Jahren für den heimischen Markt wiederentdeckt.
Viele Heilwirkungen werden ihm zugeschrieben. Abgesehen davon, dass diese wissenschaftlich bisher nicht belegt sind, zeigt schon ein Blick auf die Zube-

reitung des Getränks, dass dieses **für Ihr Kleinkind nicht geeignet ist.** Ausgangsmaterial ist Schwarztee, der für Kinder auf Grund des enthaltenen Teeins (eines koffeinähnlichen Bestandteils) abgelehnt werden muss.

Der „Pilz", eigentlich eine Lebensgemeinschaft von Hefe und Milchsäurebakterien, verstoffwechselt den zugegebenen Zucker, wodurch der typische Geschmack entsteht.

Ähnlich wie bei Kefir entstehen bei diesem Vorgang durch die Hefen auch 0,5 – 2 Vol.-% Alkohol.

Anstatt Kleinkindern Kombucha zu servieren, können Sie eine geschmacklich ähnliche Mischung von Früchttee, prickelndem Mineralwasser und etwas Himbeersaft anbieten. Diese sieht ähnlich aus und enthält überdies weder aufputschende Inhaltsstoffe noch Alkohol.

KURZ

- *Täglich 6 Portionen Getränke zu je einem Glas (ca.1/8l)!*
- *Geeignet: Wasser, Kräuter- und Früchtetee, verdünnter Saft, Smoothies*
- *Ungeeignet: Alkohol, Kaffee, Eistee, Schwarz-, Grün-, Matetee, Limonaden*

Beilagen und Brot bilden die Basis auf dem Teller

Getreide, Nährmittel (Teigwaren, Reis) und Brot werden als „Beilagen" serviert, doch sie spielen als Grundnahrungsmittel vom Beikostalter an eine wichtige Rolle. Schon auf dem Speiseplan des älteren Säuglings stehen täglich mindestens 3 Breie bzw. Mahlzeiten, in denen Beilagen enthalten sind. Diese „guten Essgewohnheiten" sollen im Kleinkindalter und darüber hinaus beibehalten werden – obwohl die Mengen für Kleinkinder in den letzten Jahren reduziert wurden.
Instinktiv erwählen Kleinkinder getreidereiche Speisen zu ihren Lieblingsgerichten. Ihre Vorliebe für Spaghetti oder „nackte Nudeln (Teigwaren)", Reis mit Tomatensauce, Maissalat und für Kartoffeln in allen Varianten steht in krassem Gegensatz zur Einstellung der Erwachsenen, die Getreidespeisen und Kartoffeln gerne zu Beilagen, also zu „Nebenlebensmitteln", degradieren.

Brot, Müsli, Kartoffeln und warme Getreidebeilagen versorgen den Körper vor allem mit Energie, da sie Stärke enthalten. Es ist wichtig, dass diese Lebensmittel gleichmäßig auf alle 3 Hauptmahlzeiten und eine Zwischenmahlzeit aufgeteilt werden, damit Ihr Kind nicht in ein „Energieloch" fällt und Heißhunger entwickelt.

Die verschiedenen Beilagen sollen zusammen mit Brot immer **etwa 1/3 dessen ausmachen, was auf den Teller kommt,** oder (in Portionen gerechnet) **5 etwa handgroße Portionen ergeben.** Getreide und Getreideprodukte bieten Ihrem Kind auch wichtige B-Vitamine, die für die Versorgung der Nerven und für die Konzentrationsfähigkeit notwendig sind.
Zudem enthält Getreide viele wertvolle Mineralstoffe, beispielsweise liefern Hafer und Hirse viel Eisen.

Warme Beilagen

Alter des Kindes	1 Jahr	2 – 3 Jahre	4 – 6 Jahre
Kartoffeln, Nudeln & Co	100 g/Tag	120 g/Tag	150 g/Tag

Die Angaben in der Tabelle beziehen sich auf die bereits gekochte Beilagen.

Die Menge entspricht je nach Alter ca. **40 – 60 g roh gewogenen Beilagen bzw. etwa 1 – 3 mittleren Kartoffeln.**

Typische Beilagen sind gekochte oder im Rohr (Backofen) gebratene Kartoffeln, Folienkartoffeln, selbst gemachtes Kartoffelpüree, Pommes frites (wobei auch die Fettportion gerechnet werden muss, ☞ Seite 40, 87), Reis, Teigwaren (Hörnchen, Fleckerln, Bandnudeln) und in der österreichischen Küche Nockerln und Semmelknödel.

Lagern Sie Kartoffeln immer im Dunkeln und vermeiden Sie für Kleinkinder solche, die grüne Stellen aufweisen!
Zwar geht das darin enthaltene Gift Solanin beim Kochen großteils in das Wasser über, aber Mengen, die beim Erwachsenen unbedenklich sind, können bei Kleinkindern Vergiftungen auslösen.
Die grünen Stellen sollten Sie jedoch auch für ältere Kinder und für Erwachsene entfernen! Lassen Sie daher niemals zu, dass Kartoffeln roh gegessen werden! Die rohe Stärke aus den Knollen ist überdies unverdaulich.

In einigen Regionen wird Maisgrieß zu Polentagerichten, z. B. Sterz (fester, gekochter Maisgrieß), verarbeitet.

Doch die Vielzahl der Nährmittel wird damit nicht ausgeschöpft. Auch Grünkern und Dinkel, Buchweizen und Hirse können das Angebot erweitern.
Einige schnelle Rezepte dazu finden Sie in *„Pfiffige Rezepte für kleine und große Leute“* (☞ weiterführende Literatur im Anhang).
Wenn Sie keinen Vollreis verwenden wollen, sollten Sie auf die Bezeichnung **„parboiled“** auf der Packung achten. Sie bedeutet, dass der weiße Reis mit Wasserdampf behandelt wird, sodass ein Teil der wasserlöslichen B-Vitamine ins Innere des Kornes gelangt, bevor die Randschichten entfernt werden.

Reis wird nach Erkrankungen gerne als Aufbaunahrung eingesetzt, weil er leicht verdaubar ist. Er kann jedoch Verstopfung begünstigen.

Brot

Alter des Kindes	1 Jahr	2 – 3 Jahre	4 – 6 Jahre
Brot bzw. Getreideflocken	80 g/Tag	120 g/Tag	150 g/Tag

Eine Scheibe Vollkornbrot sollte etwa 40 – 50 g wiegen. Die Angaben in der Tabelle bedeuten je nach Alter eine Menge von ca. 3 handflächengroßen Portionen – in Summe je nach Alter 2 – 3 Scheiben Brot.

Dies wird mit den Beilagen verteilt auf 3 Haupt- und 2 Zwischenmahlzeiten. Statt einer Scheibe Vollkornbrot kann man auch 3 Scheiben Vollkornknäckebrot oder 2 Scheiben Vollkorntoast anbieten. Kleinere Kinder vertragen dies

oft besser als frisch gebackenes Vollkornbrot. Für die Frühstücksportion lässt sich **die Scheibe Vollkornbrot gegen 25 g Haferflocken (3 EL) oder ungesüßte Cornflakes austauschen.** Eine Portionsgröße umfasst im Alter von 2–3 Jahren dann etwa 30 g Frühstücksflocken (3 EL), mit 4–5 Jahren ergibt sie etwa 40 g (4 EL).
Gesüßte Frühstücks-Cerealien werden zu den Süßigkeiten gerechnet.

Ihrem Kind sollen Sie rohes Getreide oder rohe herkömmliche Müsliflocken (z. B. Haferflocken) frühestens ab dem Ende des 2. Lebensjahres anbieten, denn Getreide ist in roher Form schwer verdaulich.
Davor sind nur speziell für Babys oder Kinder hergestellte Produkte geeignet, die schon durch Hitze aufgeschlossen worden sind, oder gekochte Getreideflocken bzw. gekochtes, geschrotetes Getreide.
Außerdem sollen noch im 2. und 3. Lebensjahr ganze, bissfeste Getreidekörner (als Beilage, im Brot oder auf der Brotrinde) vermieden werden, da das Kind sich daran – ähnlich wie bei Nüssen – verschlucken kann!

Zumindest die Hälfte des Brotes und der Nährmittel soll aus fein vermahlenem Vollkorn bestehen, damit der Darm gereinigt wird und es nicht zu Verstopfung kommt. In Vollreis, Vollkornteigwaren (z. B. Vollkornnudeln), Maisgrieß, Grünkern, Buchweizen und Hirse sind die Randschicht und der Keimling des Kornes enthalten. Darin verbergen sich nicht nur die wichtigen Ballaststoffe, sondern auch Vitamine, speziell B-Vitamine.
Vollkornmehl enthält außerdem 3-mal so viel Mineralstoffe wie glattes Weißmehl (Typ 405). Auf Grund des Ballaststoffgehaltes sättigen Vollkornprodukte auch länger anhaltend und somit gleichmäßiger als Produkte aus Weißmehl (Auszugsmehl).

Muss es immer Vollkorn sein?

Wesentlich ist, dass die Nahrung Ihres Kindes auf Getreideprodukten basiert. Haben Sie kein schlechtes Gewissen, wenn Sie Ihrem Kind ab und zu auch Weißmehlprodukte anbieten! Es gibt sogar Kinder, die im 1. und 2. Lebensjahr frisches Vollkornbrot noch nicht so gut vertragen und auf einzelne Produkte (abhängig von der Zubereitung) mit Blähungen reagieren.
Wenn **zumindest die Hälfte** der Getreideprodukte auf Vollkorn basiert (Vollkornteigwaren, Vollkorntoast, Roggenschrotbrot, Müsliflocken), dann darf es zwischendurch auch einmal ein Semmerl (Brötchen) sein. Wählen Sie aus den Weißmehlprodukten jedoch möglichst einfaches Weißbrot, denn Croissants und anderes Feingebäck enthalten Backzusätze und viel Fett (speziell die unerwünschten Transfettsäuren).

Wie kann ich meiner Familie Vollkorn schmackhaft machen?

Von der Erkenntnis, wie wichtig Ballaststoffe für die gesunde Verdauung sind, bis zur Umsetzung der Vollkornempfehlungen am Familientisch ist es oft ein weiter Weg. Häufig ist der Verzehr von weißen Teigwaren, Semmeln (Brötchen) und Striezel (Milchbrot) eine lieb gewonnene Gewohnheit der gesamten Familie.
Großeltern bzw. Ehepartner entpuppen sich beim Versuch, neue Gerichte auf den Tisch zu bringen, oftmals als eingeschworene „Körndlgegner“.

Probieren Sie den Umstieg in unauffälligen, kleinen Schritten. Kaufen Sie **Grahamweckerln (Kleiebrötchen) oder Grahambrot** statt Semmeln (Brötchen) oder Weißbrot. Diese sind vom Aussehen her ähnlich und enthalten mindestens 60 % Kleiemehl, also mehr Ballaststoffe als eine Semmel.
Mehrkorntoast und diverse **Knäckebrote mit Vollkornanteil** sind ähnlich dem Grahambrot meistens Mischprodukte aus Weiß- und Vollkornmehl.

Ein in Österreich sehr beliebtes dunkles Stangengebäck ist der sogenannte Kornspitz. Doch dies ist in Wirklichkeit kein ballaststoffreicher „Vollkornspitz“, sondern täuscht Vollkörnigkeit nur vor. So manches Gebäck verdankt seine dunkle Farbe nämlich dem enthaltenen Malzanteil. Fragen Sie konkret nach Vollkornweckerln und Vollkornbrot und lesen Sie das Etikett!

Egal ob Striezel (Milchbrot), Buchteln (gebackene Hefeteigknödel), Knödel oder Palatschinken (Pfannkuchen) – alle Teige lassen sich mit fein gemahlenem Vollkornmehl oder auch aus einer **Mischung zwischen Vollkorn- und Weißmehl** zubereiten. Sie können die Menge an Vollkornmehl schrittweise erhöhen und so Ihre Familie langsam auf den Geschmack bringen.
Geben Sie zu Teigen aus Vollkornmehl etwas mehr Flüssigkeit, damit diese locker und saftig werden. In Süßspeisen und Kuchen hat sich Dinkelvollmehl besonders bewährt.

Dinkel ist eine alte Weizensorte, die in den letzten Jahren durch das Aufleben der Hildegard-Medizin wieder beliebt geworden ist. Die Körner des Dinkels ähneln den Weizenkörnern, enthalten jedoch etwas mehr Mineralstoffe und Vitamine und schmecken nussartiger.

Teigwaren mit und ohne Saucen zählen zu den Lieblingsspeisen von Kindern. Unter gemahlenem Mohn, Tomaten- und Käsesauce bzw. im Auflauf lassen sich **Vollkornteigwaren** gut verstecken.
Lassen Sie Vollkornteigwaren ein paar Minuten länger kochen und testen Sie immer, ob diese schon weich sind.

Die Produkte verschiedener Hersteller unterscheiden sich nicht nur in der Kochdauer, sondern auch im Farbton. Probieren Sie verschiedene Marken aus! Sie erhalten im Reformladen auch (gelbe) **Hirseteigwaren,** die bei manchen Kindern beliebter sind als die „braunen“ Vollkornteigwaren. Die vorwiegend in Afrika und Indien angebaute Hirse liefert viele Mineralstoffe, speziell Silicium, das zur Stärkung von Haaren und Nägeln beiträgt. Hirse lässt sich gut für Süßspeisen (z. B. Auflauf bzw. Hirsepalatschinken / Hirsepfannkuchen) verwenden, sie sollte jedoch vor dem Kochen mehrfach heiß geschwemmt werden.
Palatschinken oder Sterz (gekochter, fester Grieß, der meist mit kalter Milch gegessen wird) gelingen mit **Buchweizenmehl** bzw. -grieß hervorragend.

Am beliebtesten und besonders geeignet für Süßspeisen und Erbsenreis („Risi-Pisi“) ist **Vollkorn-Rundkornreis.** Als Alternative zu Vollkornreis können Sie als Beilage den nussartigen **Grünkern** (mit Lorbeer und Wacholder gekocht) servieren.

Vollkornzubereitung:
Wenn Sie Vollkornprodukte (Teigwaren, Reis) als Beilage zubereiten, sollten Sie etwas längere Kochzeiten einplanen oder das Getreide (Grünkern, Hafer) vor dem Kochen mindestens 1–2 Stunden in kaltem Wasser quellen lassen.

Geben Sie bei Kuchenteigen aus Vollkorn ca. 1–2 EL Wasser (mehr) dazu, damit der Kuchen nicht zu trocken wird.

Auch **Emmer** (Urgetreide) oder Dinkelreis eignen sich gut. Bleibt davon etwas übrig, so kann man daraus gute Aufstriche oder Getreide-Gemüselaibchen (-bratlinge) zaubern.

Vollkorn soll gar nicht so gesund sein, stimmt das?

Vollkornprodukte werden langsamer verdaut als geschälte Getreideprodukte.
Dies ist auch der Grund, weshalb im 1. Lebensjahr nur spezielle, vorverarbeitete Säuglings-Vollkornprodukte empfohlen werden. Herkömmlicher Vollkorngrieß würde den Darm des Babys noch zu sehr belasten. Im Kleinkindalter spielen gut gekochte Vollkornprodukte jedoch eine wichtige Rolle.
In den Medien tauchen aber manchmal Meldungen über die Schadstoffbelastung von Vollkorngetreide (z. B. Arsen in chinesischem Reis) auf.
In den Randschichten des Getreidekornes können sich auch Rückstände von Spritz- und Düngemitteln etc. sammeln. Aber gerade Vollkorngetreide stammt normalerweise „aus biologischem Anbau" und ist daher unbehandelt. Vermeiden Sie herkömmlich angebautes Vollkorngetreide! Darauf ist vor allem beim Kauf von Vollkornbrot zu achten!
Ein weiterer Kritikpunkt sind kleine Steinchen oder Fremdsamen (z. B. von Wicken oder Gräsern). Mit modernen Technologien werden Getreidekörner heutzutage gut aussortiert. Bei kleineren Abfüllungen oder bei speziellen Sorten können jedoch manchmal Verunreinigungen zu finden sein. Lassen Sie daher das Getreide einmal über die Hand rieseln und entfernen Sie sorgfältig alle Fremdteile!

Getreide, das in feuchten Jahren geerntet wird, birgt die Gefahr von Verpilzung.
Speziell Roggen kann einen schwarz-violetten Pilz, der eine getreideähnliche Form besitzt und sehr giftig ist, das „Mutterkorn", enthalten.
Mutterkorn findet sich äußerst selten. Dennoch ist Vollkorngetreide immer optisch auf schwarze Körner und Fremdteile zu prüfen!

Sind Getreidekeime in der Kinderkost geeignet?

Der Keimling von Getreidekörnern verfügt über einen hohen Gehalt an wertvollen Fettsäuren und an Vitaminen. Deswegen können daraus **hochwertige Pflanzenöle** (Weizen- bzw. Maiskeimöl) gewonnen werden.
Außerdem aktiviert die Pflanze beim Keimen ihre Reserven an **Mineralstoffen** (z. B. Eisen) und macht sie so für unseren Körper **besonders leicht verfügbar.** Deshalb sind gekeimte Körner eine sehr gute Nahrung.

Die Körner werden in speziellen Keimgeräten zum Auskeimen gebracht. Sie müssen dabei laufend feucht gehalten werden, was den Nachteil hat, dass **Schimmelpilze** an diesem Klima besonderen Gefallen finden.

Die Geräte müssen aus diesem Grund immer wieder gründlich gereinigt werden. Tongefäße können, wenn sie gut getrocknet sind und nicht zerspringen können, im Backrohr kurzfristig stark erhitzt werden, damit Schimmelpilze keine Chance haben.

*Bei der Herstellung **gekeimter Körner** ist Achtsamkeit geboten und die Keime sollen **immer gekocht** werden. Dann können sie Kindern durchaus angeboten werden.*
Bei kleinen Kindern besteht aber auch die Gefahr, dass sie sich an einzelnen Körnern verschlucken. Zerkleinern Sie daher die Körner unbedingt!

Ist Müsli wirklich so gesund?

Müsli-Mischungen bestehen hauptsächlich aus Haferflocken. Von allen heimischen Getreidesorten besitzt Hafer den höchsten Eiweiß-, Fett- und Mineralstoffgehalt und wird deswegen von jeher als Aufbaunahrung nach Krankheiten eingesetzt.

Grobkörnige **Müsliflocken** müssen vor dem Genuss **mindestens eine Stunde in Wasser, Sauermilch oder Joghurt eingeweicht werden,** ansonsten können die harten Flocken an der Darmschleimhaut kratzen.
Sie können die Flocken auch über Nacht im Kühlschrank einweichen, allerdings nur, wenn Sie das Gefäß mit Deckel oder Klarsichtfolie dicht verschließen. Anderenfalls besteht die Gefahr, dass Bakterien aus der Luft des Kühlschrankes ins Müsli gelangen und sich dort munter vermehren.

Hier ein Trick:
Wenn Sie Müsli nicht einweichen wollen und das Frühstück schneller auf dem Tisch stehen soll:
Flocken quellen innerhalb von wenigen Minuten, wenn sie mit heißem Wasser oder warmer Milch übergossen werden.

Manche Kinder mögen den dabei entstehenden, breiartigen Geschmack. Dann können Sie Joghurt oder Apfelmus auch direkt aus dem Kühlschrank untermischen, ohne dass das Müsli für die Morgenmahlzeit zu kalt wird.

***Bis Ende des 2. Lebensjahres** sind herkömmliche Müsliflocken **nur gekocht** (z. B. als Haferflockenbrei) geeignet!*

Sind Müsliriegel etc. gesunde Snacks?

Oft werden (Müsli)riegel und die speziell für Kinder gefertigte „Schnitte mit der Milch“ als gesunder Pausensnack beworben. Dies sind jedoch keine Pausenbrote und enthalten jede Menge Zucker. Daher werden sie nicht zu den Getreideportionen, sondern zu den Süßigkeiten gerechnet. Fettarme Müsliriegel sind innerhalb der Süßigkeiten empfehlenswertere Varianten.

Wie gut sind Cornflakes und andere Cerealien?

Eine bei Kindern beliebte, rasch zubereitete Frühstücksvariante sind Cornflakes mit Milch oder Joghurt.
Cornflakes werden aus Mais hergestellt und deshalb als „gesund“ beworben. Einer genaueren Betrachtung hält das nur bedingt stand. Cornflakes enthalten kaum Ballaststoffe und sind üblicherweise sehr gesüßt. Sie können jedoch mit Milchprodukten und frischen Früchten der Saison serviert werden, sodass Ihr Kind zumindest diese wertvollen Lebensmittel isst.

Gesüßte Frühstücks-Cerealien werden zu den Süßigkeiten gerechnet. Nutzen Sie nach Möglichkeit **schwach gesüßte Flakes oder mischen Sie (zuckerfreie) Cornflakes oder Haferflocken unter die sehr zuckerreichen Produkte,** sodass (schrittweise) eine zuckerärmere Variante entsteht!

Vielleicht können Sie ja mit Ihrem Kind gemeinsam eine Spezialmischung „für kleine Hexen und Zauberer“ austüfteln und auf Vorrat anfertigen. Diese sollte – wie alle Flakes – immer trocken gelagert werden, um knackig zu bleiben.

Als Alternative können Sie als Frühstück oder Zwischenmahlzeit zu Joghurt und frischen Früchten auch zerkleinertes Knäckebrot oder Reste an kaltem Reis vom Vortag servieren, (Knäckebrotmüsli aus unserem Buch *„Pfiffige Rezepte für kleine und große Leute“,* ☞ Unsere Bücher).

Ab wann darf mein Kind Marmeladebrote essen?

Marmelade zählt zu den süßen Brotaufstrichen. Je nach Zuckeranteil hat sie unterschiedliche Qualität. Fruchtige Marmeladen können dünn aufgestrichen ab dem 2. Lebensjahr – sobald Sie kleine Mengen Zucker tolerieren wollen – gegeben werden. Achten Sie jedoch darauf, dass keine zu großen Fruchtstücke enthalten sind, an denen Ihr Kind sich noch verschlucken kann.

Was soll ich tun, mein Kind liebt Pommes frites?

Erdäpfel (Kartoffeln) zählen zu den stärkereichen Beilagen, obwohl sie vieles mit Gemüse gemeinsam haben. Sie enthalten viel Kalium und einen relativ hohen Anteil an Wasser, wodurch sie nicht so lange sättigen wie Getreidespeisen. Gebraten als Folienkartoffel oder im Auflauf sind sie sehr beliebt.

Als Pommes frites zählen sie zu den Lieblingsspeisen von Kindern, weil man sie bequem mit den Fingern essen kann und sie so knusprig sind. Pommes frites (aber auch Kroketten) enthalten jedoch ca. 15 % – also für eine Beilage viel – Fett! Selbst Backofen-Pommes frites sind vor dem Abpacken in Fett geschwommen und daher nicht fettfrei.

Versuchen Sie statt Pommes frites einmal unseren „Erdäpfelkuchen vom Blech“ aus dem Buch *„Pfiffige Rezepte für kleine und große Leute“*, ☞ Unsere Bücher. Oder Sie nehmen fingerdicke Kartoffelscheiben, die im Rohr (Backofen) fettfrei gebraten werden. Die Kartoffelscheiben eignen sich auch gut als Hauptgericht!

Sollten Sie Pommes frites selbst zubereiten, entfernen Sie bitte alle grünen Stellen von den Kartoffeln. In ihnen befindet sich der Giftstoff Solanin.
Dieser wird zwar durch ausreichendes Erhitzen zerstört, soll jedoch schon zuvor reduziert werden.

In der kalten Jahreszeit werden sie von Maronibratern gerne neben den beliebten gerösteten Esskastanien angeboten. Servieren Sie sie z. B. mit Joghurt-Curry-Sauce oder Kräutertopfen (-quark).

Achten Sie außerdem darauf nicht gleichzeitig an „Pommes-frites-Tagen“ fettreiche, frittierte oder herausgebackene Speisen (Schnitzel, Fischstäbchen, Wurst) auf den Speiseplan zu setzen.

KURZ

- ***Täglich 5 Portionen Beilagen oder Brot zu je einer Handvoll!***
- ***Mindestens 50 % Vollkorn!***
- ***Vielfalt statt Einseitigkeit: Hirse, Maisgrieß, Buchweizen, Haferflocken, ... !***

Gemüse – bunt und gesund

Kinder wissen schon bald, dass Gemüse „gesund“ ist, obwohl sie sich vielfach nichts Genaues darunter vorstellen können.

Den „gesunden“ Ruf verdankt das Gemüse den Vitaminen, vor allem dem Vitamin C und dem Beta-Carotin, einer Vorstufe des Vitamin A, das die Sehkraft fördert. Vitamin C stärkt die Abwehrkraft des Körpers und gilt als Krebsschutzfaktor.

Vitamine sind ziemlich empfindsame „Geschöpfe“. Sie werden durch Hitze, Licht oder Luftsauerstoff angegriffen und zerstört. Speziell die wasserlöslichen Vitamine – wie z. B. Vitamin B und Vitamin C – sind instabil und im Körper nicht in großen Mengen speicherbar. Für die Vitaminversorgung Ihres Kindes ist es deshalb wichtig, dass täglich etwa die Hälfte des Gemüses roh als Brotbelag, Rohkost oder Salat gegessen wird.

Insgesamt machen 2 – 3 Portionen (Handvoll) Gemüse eine ideale Mindestmenge aus. Das entspricht:

Alter des Kindes	1 Jahr	2 – 3 Jahre	4 – 6 Jahre
Gemüse, Rohkost, Salat	120 g/Tag	150 g/Tag	200 g/Tag

Gemüse bietet uns auch eine Reihe von Mineralstoffen, die im Gegensatz zu den Vitaminen gegen Hitze und Sauerstoff unempfindlich sind. Beim Kochen geht jedoch ein großer Anteil der wasserlöslichen Mineralstoffe ins Kochwasser über. **Verwenden Sie doch einfach das Kochwasser als Suppenbasis oder Breibestandteil.**

Ausnahmen sind Hülsenfrüchte, deren Kochwasser auch einen Großteil der blähenden Stoffe enthält, und Blattspinat, bei dem sich mit dem Blanchierwasser 70 % des Nitrats „entsorgen“ lassen.

Als Mineralstoff findet sich im Gemüse insbesondere Kalium, das eine wichtige Funktion für den Wasserhaushalt des Körpers besitzt. In allen Laucharten (Zwiebeln, Porree / Lauch, Knoblauch) ist Schwefel enthalten, der nicht nur Tränen in die Augen treiben kann, sondern in den Gelenken als Bestandteil der Knorpelmasse benötigt wird und Krebsschutzwirkung hat.

Verhindern Sie, dass Ihr Kind rohe Bohnen – egal ob grün (Fisolen) oder ausgereift – isst. Diese enthalten Stoffwechselhemmstoffe und Giftstoffe, die erst durch Kochen zerstört werden.

Auch Bambussprossen sollen niemals roh oder halb durchgegart angeboten werden, da sie stark blausäurehaltig sind. Die Blausäure wird beim Kochen zerstört.

Gemüse besteht vorwiegend aus Wasser, sodass es kalorienarm ist und man es als **„Light-Produkt der Natur"** bezeichnen könnte. Speziell wenn beim Kind die Veranlagung zu Übergewicht besteht, ist es sinnvoll, Gemüse zu schmackhaften, magenfüllenden Gerichten zu verarbeiten.
Vor allem die im Salat beliebte Schwarzwurzel und das süßliche Knollengemüse Topinambur verfügen zusätzlich über eine größere Menge an lange sättigenden Ballaststoffen.
Achten Sie dabei auf eine fettarme Zubereitung ohne Rahm (Sahne), Mayonnaise oder Käse! Sollten Sie diese drei Zutaten doch verwenden wollen, müssen die ersten beiden zu den täglichen Fettportionen und Käse zu den Milchportionen hinzugerechnet werden.
Darüber hinaus bieten Gemüse und Obst spezielle Schutzstoffe, die auch als „bioaktive Substanzen" oder „sekundäre Pflanzeninhaltsstoffe" bezeichnet werden. Dies sind Tausende von natürlichen Farb-, Geschmacks- und sonstigen Wirkstoffen, deren Funktionen und Schutzwirkungen gerade erst erforscht werden.
Insgesamt zeigt sich durch die Entdeckung dieser Schutzstoffe nur umso deutlicher, dass pflanzliche Lebensmittel gesundheitsfördernd sind. Deshalb versuchen viele Eltern, diese Botschaft an ihre Kinder weiterzugeben und sie dazu zu bewegen, ihre Gemüseportion brav zu essen.
Doch für Kleinkinder ist meist nicht nachvollziehbar, was „gesund" an einem Lebensmittel bedeuten soll. So meinte ein kleiner Junge einmal: *„Ich habe eine ganze Tafel ungesunder Schokolade gegessen und bin nicht krank geworden!"* Nur in seltenen Fällen (z. B. bei einer Lebensmittelvergiftung oder bei einer Allergie) spüren sie den Zusammenhang mit der Lebensmittelqualität direkt.
Vergessen Sie daher in Ihrer Argumentation die „innere Qualität" von Gemüse, und bringen Sie Gemüse, Salat und Rohkost nicht unter dem Schlagwort „gesund", sondern wegen der **Vielfalt an Farben, Geschmacksnuancen und Formen auf den Tisch!**

Was, wenn mein Kind Gemüse ablehnt?

„Was soll ich nur tun?", fragen viele Eltern, deren Kind sich als standhafter „Gemüse-Essmuffel" entpuppt.
Da werden die Erbsen aus dem Gemüsereis geklaubt, die Karotten (Möhren, Rüebli) aus der Suppe gefischt, der Teller mit Salat weggeschoben – und dies alles zum Leidwesen derer, die gekocht und sich extra viel Mühe gegeben haben, um „Gesundheit" auf den Teller zu zaubern.

• **Geben Sie nicht beim ersten Versuch auf, wenn Sie ein neues Gemüsegericht ausprobieren!**
Untersuchungen mit Kindern haben gezeigt, dass diese im Schnitt mind. **8-mal mit einer neuen Speise vertraut gemacht werden müssen** (bei süßen Gerichten weniger oft), bevor diese als bekannt und beliebt eingestuft wird. Lassen Sie daher immer wieder davon kosten und zwingen Sie Ihr Kind nicht. Es kann sich auch um eine Verweigerungsphase handeln, die bald wieder vorbei ist.

• **Wählen Sie aus!**
Bei näherer Betrachtung sind es häufig **nur einzelne Gemüsesorten,** die nicht gemocht werden. Nicht jeder Mensch mag den leicht bitteren Geschmack von Brokkoli oder den säuerlichen einer Tomate.
Hier können Sie durch großzügige Würzung mit frischen Kräutern, Zimt oder durch die Zugabe von 1 TL an Schlagobers (an Schlagrahm, süßer Sahne), Sauerrahm (saurer Sahne) oder Joghurt den Geschmack verändern, verfeinern und neutralisieren. Das muss aber zu den Fettportionen gerechnet werden.

• **Gehen Sie mit Ihrem Beispiel voran!**
Kinder orientieren sich am Verhalten der Erwachsenen. Zum Beispiel lehnte die Tochter meiner Freundin Birgit bei einer Einladung hartnäckig den Karfiol (Blumenkohl) ab, den ihre Mutter selber mit verborgenem Unwillen, aber aus Höflichkeit gegessen hatte.
Kinder reagieren sehr stark auf unausgesprochene Signale, die sie gefühlsmäßig erfassen, sodass Argumente weniger fruchten als ehrlich gelebte Vorbilder. Daher ist es ganz **wichtig, Rezepte mit Gemüse auszuwählen, die Ihnen selber schmecken!**

• **Servieren Sie Haptisches!**
Weil sie mit den Händen gegessen werden können sind z. B. frische, gekochte oder gegrillte Maiskolben bei Kindern besonders beliebt. Sie kommen dem Bedürfnis nach **„begreifbarem“** Essen sehr entgegen. Auf Grund ihres süßlichen Geschmacks können auch Erbsen, Karotten (Möhren) und Kürbis zu den beliebteren Sorten gezählt werden.

• **Nutzen Sie Idole!**
Kinder sind auch eher bereit, Gemüse zu akzeptieren, wenn ihre „Helden“ dies ebenso tun. So ist die (Gemüse)lasagne die Rettung von Garfield, während Kartoffeln, Karotten und Pilze als „Leibspeisen“ des kleinen Tigers und des kleinen Bären verlockend sind.

• **Bezeichnen Sie kindgerecht!**
Eine Freundin bringt ihre Kinder dazu, mehr „Grünzeug“ zu essen, indem die Familie einmal pro Woche Hasenfamilie spielt. Dann haben Obst, Salat und Karotten Hochsaison und werden gerne gegessen. Häufig sind auch kindgerechte Bezeichnungen ausschlaggebend.
So mag die kleine Lisa zwar weder Karfiol (Blumenkohl) noch Brokkoli, aber

sie verzehrt mit Begeisterung „weiße Bäumchen" und „grüne Bäumchen", die ihre Mutter ihr auf den Teller legt.

• **Verpacken Sie kindgerecht!**
Oft ist es die Optik, die nicht anspricht. So isst Tommy durchaus bereitwillig Erbsensuppe, während sonst jede einzelne grüne Kugel unter lautstarkem Protest entfernt wird.
Fein gerieben oder püriert lässt sich Gemüse in pikantem Pudding, in Spaghetti-Sauce, in cremigen Suppen oder Kuchen verbergen. Fein geriebene Rohkost ist leichter zu kauen als größere Gemüsestücke.
In unserem Rezeptbuch für Familien *„Pfiffige Rezepte für kleine und große Leute"* (☞ weiterführende Literatur) finden Sie einige Vorschläge für „Gemüse-Essmuffel".

• **Mischen Sie mit Beliebtem!**
Durch die **Beigabe von Obst** lässt sich mancher Salat geschmacklich verbessern. Fenchel und Sellerie bekommen durch geriebene Äpfel eine edlere Geschmacksnote und Salat aus fein geriebenen roten Rüben (Rote Beete) wird mit Orangen (Apfelsinen) und Äpfeln beliebter.
Wenn dann noch Essig reduziert bzw. stattdessen Zitronen- oder Orangensaft verwendet wird bzw. Nüsse oder ein Nussöl den Geschmack abrunden, greifen viele Kinder gerne zweimal zu.

Der Trick funktioniert auch umgekehrt: Gestiftelte Karotten (Möhren, Rüebli) lassen sich leicht in einem Fruchtsalat unterbringen.

• **Lassen Sie auswählen!**
Ist Ihr Kind schon etwas älter, akzeptiert es vielleicht **„Selbstgewähltes"** – frei nach dem Motto *„Magst du heute Paprika oder Gurken?"*. Oder es isst mit Stolz eigenhändig mit Keksformen (Guetzliformen) ausgestochene Paprika- oder Gurkensterne.
Vielleicht bieten Sie solche appetitanregenden Sterne auch nur **als besondere Belohnung** an. Genug Aufwand sind sie ja! Das erhöht ihren Anreiz.

• **Verknappen Sie!**
Meine Kollegin Britta und ich haben in Gesprächen über „Gemüseverweigerer" oft fantasiert, wie es wohl wäre, wenn man Gemüse verbieten würde und nur ausnahmsweise „zur Belohnung" ein besonders tolles Stück davon auf den Tisch brächte.
Ob das Interesse und die Nachfrage dann genauso groß wären wie bei Desserts und knapp portionierten Süßspeisen? Bei einem kleinen Versuch stürmten die meisten Kinder zuerst zu den – nicht ausreichend vorhandenen Karotten – und dann erst zur Schokolade. Auch an Buffets ist die Dekoration – die ja eigentlich „nicht zum Essen gedacht ist" – oft am beliebtesten.

Wenn Ihr Kind trotz aller Bemühungen jede Gemüsesorte ablehnt, ja selbst Gemüsesäfte (Karottensaft / Möhrensaft, Tomatensaft) nicht akzeptiert, dann bleibt der Ausweg mehr Obst, Fruchtsäfte und Kartoffeln aufzutischen. Diese garantieren ein ausreichendes Maß an Vitaminen und Mineralstoffen. Wird neben Gemüse auch Obst über mehrere Tage gänzlich abgelehnt, können angereicherte Vitaminpräparate für Kinder vorübergehend Abhilfe schaffen.

Können Vitaminkonzentrate Obst und Gemüse ersetzen?

Die Industrie bietet eine Reihe von Produkten wie vitaminisierte Getränke, angereicherte Bonbons oder Vitamintabletten an. Sie scheinen Obst und Gemüse ersetzen zu können. Doch eine abwechslungsreiche Nahrung bietet eine Vielzahl von komplexen Wirk- und Schutzstoffen, wie sie in Konzentraten nie so umfangreich enthalten sein können. So manches wirkt unerkannt im Verborgenen!

Wie die neuesten Studien über die Schutzwirkung von „bioaktiven Substanzen“ in Obst und Gemüse zeigen, ist die Natur dem Menschen immer eine Nasenlänge voraus. Eine Extraration Vitamine und Mineralstoffe ist bei ausgewogen zusammengestellter Ernährung nicht wirklich notwendig!

Präparate von Vitaminen und Mineralstoffen sind **nur vorübergehend und in Kinderdosierung empfehlenswert:**

- **bei extremen „Gemüse-Essmuffeln“,**
- **im Winter zur Steigerung der Abwehrkraft,**
- **wenn über einen längeren Zeitraum nichts oder nur wenig gegessen wurde.**

Vielfach wird bei der Verwendung von Einzelpräparaten (z. B. Calcium, Vitamin C) – auch als Nahrungszusatz – außer Acht gelassen, dass zu viel davon die Niere belasten kann und bestimmte Mineralstoffe die Aufnahme anderer (z. B. Zink) hemmen können.

Damit dieser Konkurrenzeffekt nicht mehr Schaden anrichtet, als er nützt, sollen Einzelpräparate ausschließlich in den von der Ärztin angeordneten Mengen verabreicht werden!

Multivitaminpräparate können in sich ebenfalls Konkurrenzeffekte aufweisen. Kaum eines ist in seiner Bioverfügbarkeit erforscht. Daher kann von der enthaltenen Menge nur sehr begrenzt auf die tatsächliche Aufnahme geschlossen werden.

Brauchen Karotten (Möhren, Rüebli) immer Öl dazu?

Zwischendurch an Karotten zu knabbern macht vielen Kindern Spaß. Das in der Karotte enthaltene Carotin ist die Vorstufe des fettlöslichen Vitamin A. Jenes wird in die Darmwandzellen aufgenommen und dort in das Vitamin umgewandelt.

Wenn Ihr Kind nun gleichzeitig mit der Karotte ein paar Nüsse isst oder die Rohkost mit einem Dip serviert bzw. der Karottensaft mit Öl zubereitet wird, dann wird das Vitamin A rasch im Blut weitertransportiert. Anderenfalls geschieht dies erst bei der nächsten fetthaltigen Mahlzeit.

Um alle Vitamine rasch und möglichst vollständig aufzunehmen, sollten Sie daher gleichzeitig Butterbrot oder Nüsse anbieten. Achten Sie außerdem auf gutes Kauen!

Welches Gemüse soll ich im Winter wählen?

Gemüse – frisch aus dem Garten – enthält natürlich die meisten Vitamine. Bevorzugen Sie daher – wenn möglich – saisonales und heimisches Gemüse! Im Winter hat bei uns nur Lagergemüse (Pastinaken, Topinambur, Wintersalate, Karotten / Möhren / Rüebli, Kohl, Sellerie) Saison.
Viele Eltern fragen, ob sie dann lieber tiefgekühltes Gemüse statt Glashausgemüses bzw. importierter Gemüsesorten wählen sollen.
Tiefkühlgemüse wird reif geerntet und bei tiefen Temperaturen rasch schockgefroren. Dadurch bleiben die Vitamine fast gänzlich erhalten. Es ist deshalb für die Kinderkost besser geeignet als importiertes Gemüse, das oft unreif geerntet wird und schon einen langen Transportweg hinter sich hat.

Glashausgemüse erlangt selten den vollen Geschmack und Vitamingehalt, weil die nötige Sonne zur Reifung fehlt. In Glashausgemüse und -salat kann außerdem der Nitratgehalt infolge der Düngung sehr hoch sein. Bevorzugen Sie daher im Winter Lagergemüse oder Tiefkühlgemüse!

Zubereitung von Tiefkühlkost:
Tiefkühlgemüse soll nach der Entnahme aus dem Gefrierfach sofort zubereitet werden!

Längeres Auftauen und Stehenlassen bei Zimmertemperatur birgt ein hygienisches Risiko.

Sind Gemüsekonserven für mein Kind geeignet?

Gemüse aus der Dose oder aus dem Glas enthält meist relativ viel Salz, damit es knackig bleibt. Durch das Erhitzen beim Konservieren wird ein Teil der Vitamine zerstört. Solche Gemüsekonserven sollten eher als „eiserne Reserve“ betrachtet und für Kinder nur in Maßen verwendet werden.

Eingesäuertes Gemüse, z. B. Sauerkraut, enthält hingegen sehr große Mengen Vitamin C, das beim Säuerungsprozess mit Milchsäurebakterien gebildet wird.

Im Vorschulalter mögen manche Kinder Eingesäuertes sehr gerne, in den ersten drei Lebensjahren wird es aber häufig als zu sauer abgelehnt.
Es gibt jedoch auch mild gesäuertes Kraut und Gemüse. Außerdem werden Sauerkraut und süß-saure Essiggurkerln (Gewürzgurken) durch kurzes Abspülen unter kaltem Wasser etwas milder im Geschmack.

Wie erkenne ich bestrahltes Gemüse?

Für österreichische und deutsche Produkte gilt derzeit ein Verbot der Konservierung mit ionisierenden Strahlen. Da zur Verlängerung der Haltbarkeit jedoch in einigen EU-Ländern bestrahlt wird, sind bestrahlte Lebensmittel im Handel zu finden. Vor allem Gewürze sind in der EU und in der Schweiz häufig zur Konservierung bestrahlt.

Wenn eine Zwiebel **nicht mehr austreibt oder Gemüse unnatürlich lange haltbar bleibt,** so liegt die Vermutung nahe, dass bestrahlt wurde.
Noch ein Beispiel: Mittlerweile kommen Champignons vielfach aus Ungarn, wo Pilze zumeist bestrahlt werden. Durch die Bestrahlung werden die Pilze zwar nicht radioaktiv, aber **Sie können die Frische der Ware nicht mehr erkennen** und bringen so womöglich schlechte Qualität auf den Familientisch.
Ihnen werden sozusagen „alte Hüte" als junge Schwammerln (Pilze) verkauft. Das ist zwar hygienisch vermutlich unbedenklich, aber die Inhaltsstoffe sind nicht mehr frisch.

Normalerweise sind junge Pilze an geschlossenen Hüten und rosa Lamellen erkennbar. Wenn die Schwammerln altern, färben sich die Lamellen dunkel. Gleichzeitig öffnen sich die Hüte. Bestrahlte Champignons können Sie an den dunklen Lamellen in geschlossenen Pilzhüten erkennen.

Achten Sie darauf, Lebensmittel mit der Angabe „bestrahlt" oder „mit ionisierenden Strahlen behandelt" am Etikett zu vermeiden!

Kann ich meinem Kind Pilze geben?

Champignons und Austernpilze werden in Pilzkellern entweder auf Erdsäcken oder auf gedüngten Strohballen gezogen. Sie bestehen hauptsächlich aus Wasser und enthalten wenige Nährstoffe. Diese **Zuchtpilze** können durchaus Bestandteil der Kinderkost sein. Achten Sie jedoch beim Einkauf darauf, keine alten oder bereits verdorbenen Pilze zu wählen.

Wildpilze (Eierschwammerln / Pfifferlinge, Herrenpilze / Steinpilze,) hingegen sollen von Kindern nicht bzw. **max. 1-mal alle 2 Wochen** gegessen werden. Zum einen haben Wildpilze einen **höheren Gehalt an (strahlenbelasteten) Schwermetallen,** zum anderen liegt die Gefahr bei Schwammerlgerichten in der **Verwechslung von essbaren mit giftigen Pilzen.**

Dürfen Pilze und Spinat wirklich nur einmal erwärmt werden?

Speisepilze können wegen ihrer zarten Struktur und des hohen Wassergehaltes schnell verderben. Dabei können auch gesundheitsgefährdende Abbauprodukte entstehen.

Deshalb müssen Pilzgerichte für Kleinkinder immer frisch und von einwandfreier Qualität sein!

Spinat soll auf Grund des hohen Nitratgehaltes möglichst frisch zubereitet und für Kinder nicht wieder erwärmt werden. Eine Ausnahme bilden **blanchierte Spinatblätter ohne Stengel,** die nach dem Erwärmen sofort tiefgekühlt wurden. Sie dürfen für Kinder jedoch **nur einmal wiedererwärmt** werden!
Reste anderer nitratreicher Gemüsesorten – dazu zählen rote Rüben (rote Beete), Zucchini (Zucchetti) Rotkraut (Rotkohl), Karfiol (Blumenkohl), Kohlrabi und Karotten (Möhren, Rüebli) – **sollten nicht mehrmals erwärmt werden.** Denn wenn in den Zeiten dazwischen ungenügend gekühlt wurde und sich bestimmte Bakterien vermehren konnten, kann Nitrat in Nitrit umgewandelt werden. Daraus können krebserregende Nitrosamine entstehen.

Bieten Sie auch im 2. Lebensjahr Spinat nur aus dem Gläschen an, da dieser nur wenig Nitrat enthalten darf und strengen Kontrollen unterliegt!

Können denn blähende Hülsenfrüchte „gesund" sein?

Hülsenfrüchte enthalten neben den Ballaststoffen noch wichtige Mineralstoffe, Vitamine und Eiweiß von hoher Qualität. Sie sollen deshalb in Kombination mit Getreide oder Fleisch **zumindest einmal pro Woche** (z. B. 50 – 70 g Tofu oder rote Linsen) die Basis einer warmen Mahlzeit bilden.
Blähungen nach dem Genuss von Hülsenfrüchten sind eine unangenehme, aber natürliche Auswirkung. Linsen, Erbsen, Bohnen und Kichererbsen ent-

halten bestimmte Ballaststoffe, die im Darm von Darmbakterien als Nahrung verwendet werden, wobei „Gase" als Abfallprodukt entstehen.
Das Einweichwasser bzw. das erste Kochwasser von Hülsenfrüchten sollten Sie immer wegschütten, das erhöht die Verträglichkeit. Allerdings nimmt man damit in Kauf, dass ein Teil der Vitamine und Mineralstoffe verloren geht.
Noch im 2. Lebensjahr kann es bei empfindlichen Kindern durch Hülsenfrüchte zu großen Verdauungsproblemen kommen. Am leichtesten verdaulich und bei Kindern besonders beliebt sind Erbsen. Braune Linsen werden häufig auf Grund der Farbe abgelehnt. Rote Linsen sind eher willkommen.

Ihr Kind könnte sich an Bohnen verschlucken.
Achten Sie darauf, dass Ihr Kind weder in der Küche noch im Garten Zugang zu rohen Bohnen (z. B. Feuerbohnen, Saubohnen) oder zu rohen Fisolen (grünen Bohnen) hat!
Viele Bohnenarten enthalten roh „Giftstoffe", die schon in kleinen Mengen schwere Schäden an den roten Blutkörperchen bewirken, welche für den Sauerstofftransport im Blut zuständig sind. Diese Giftstoffe werden beim Kochen jedoch gänzlich zerstört.

Kann ich Sojasprossen und andere Keimlinge verwenden?

Zunehmend landen Sojasprossen als Salat oder Gemüse auf heimischen Tellern. Rohe Keimlinge bergen jedoch häufig Schimmelpilze oder Bakterien (z. B. Salmonellen), die tief in den Samen überleben und sich während der Keimung stark vermehren. Selbst für Erwachsene sollen Sprossen nur frisch gekauft bzw. stets gut gewaschen serviert werden.

Für Kinder im 2. und 3. Lebensjahr raten Experten zu einem Speiseplan ganz ohne Sprossen. Vom 4. bis zum 6. Lebensjahr sollten Kinder nur gekochte Sprossen verzehren.

- *Täglich 2 Portionen Gemüse, Rohkost oder Salat zu je einer Handvoll!*
- *Bunt, frisch und geschmackvoll!*
- *Achtung: Wildpilze selten und Sprossen von Bohnen gar gekocht!*

Obst – süß und vitaminreich

Die meisten Kinder essen Obst gerne wegen der Süße und Saftigkeit. Neben Frucht- und Traubenzucker bestehen Früchte zu etwa 80 % aus Wasser und enthalten viele Vitamine und Mineralstoffe. Sie sind wichtig, weil sie an zentralen Stellen des Stoffwechsels benötigt werden und nicht im Körper aufgebaut werden können.
Obst bietet vor allem Vitamin C und Beta-Carotin, die „Antioxidantien" genannt werden, weil sie Lebensmittel vor unerwünschter Veränderung durch Luftsauerstoff schützen.
Beispielsweise verzögert Vitamin C die Braunfärbung von Obst und Gemüse. Diese Schutzwirkung hält nur eine bestimmte Zeit, denn die Antioxidantien reagieren selbst mit dem Sauerstoff und werden dabei zerstört.

Der Verlust an Vitamin C geht rascher vor sich, wenn das Obst zerkleinert ist und viel Luft über längere Zeit zu den einzelnen Teilen gelangt.

Äpfel, Bananen, Karotten (Möhren, Rüebli), Avocados etc. behalten ihre Farbe daher länger, wenn Vitamin-C-reicher Zitronensaft zugefügt wird.

In unserem Körper haben Vitamin C, E und Beta-Carotin ähnliche Aufgaben wie in Lebensmitteln. Sie bewahren wichtige Bestandteile unserer Körperzellen vor unerwünschter Veränderung durch Sauerstoff. Sie schützen den Körper Ihres Kindes vor vielen Umweltschadstoffen – ein triftiger, fachlicher Grund also, viel Obst und Gemüse zu essen! Etwa soviel wird gebraucht:

Alter des Kindes	1 Jahr	2 – 3 Jahre	4 – 6 Jahre
Obst	120 g/Tag	150 g/Tag	200 g/Tag

Ihr Kind soll also **täglich 2 Portionen (Handvoll) Obst** essen. Dazu kommt evtl. die bei den Getränken erwähnte Portion Obst- bzw. Gemüsesaft. Eine Portion entspricht etwa einem kleinem Stück Obst (Apfel, Birne) oder einer Handvoll Beerenfrüchte (Erdbeeren, Himbeeren, Brombeeren).
Obst ist als Zwischenmahlzeit oder als Bestandteil von Desserts hervorragend geeignet. **Nach Möglichkeit soll es frisch gegessen werden.** Kompott oder Saft werden durch Hitze konserviert. Dadurch geht das empfindliche Vitamin C großteils verloren.
Gerade in und unter den essbaren Schalen befindet sich der höchste Gehalt an wertvollen Vitaminen, Mineralstoffen, Ballaststoffen und sekundären Pflanzeninhaltsstoffen (bioaktiven Substanzen). Sobald das Kind also Apfelschalen etc. akzeptiert, soll es diese

auch bekommen. Leider finden sich in und auf der Schale auch die höchsten Mengen an Schadstoffen. Spritzmittel (Pflanzenschutz- und Schädlingsbekämpfungsmittel) und Schwermetalle (von Abgasen etc.) bleiben auf den Schalen der Früchte haften.

Die meisten Schadstoffe können durch **gründliches Waschen unter fließendem Wasser** (nicht bloß kurzes Abspülen!) beseitigt werden. Es empfiehlt sich, dazu eine Küchenbürste zu kaufen, die ausschließlich zum Reinigen von Obst und Gemüse verwendet wird. **Mit der Bürste bekommen Sie auch die unebene Oberfläche von Karotten (Möhren, Rüebli) etc. sauber.**
Ansätze von Stängeln (bei Birnen und Äpfeln) sind Bereiche, in denen sich Spritzmittel und Regenwasser mitsamt Rückständen vermehrt sammeln können. Sie **sollen daher immer entfernt werden.**
Großzügig entfernen und wegwerfen sollten Sie auch unbedingt die Schale von importierten **exotischen Obstsorten** (z. B. von Kakis). Mangos, Papayas & Co sind zusätzlich mit chemischen Konservierungsmitteln behandelt, um sie vor Pilzbefall und Verderb zu schützen.

Bevorzugen Sie nach Möglichkeit Obst und Gemüse aus BIO-Anbau. **BIO-Früchte** sind zwar oft kleiner, aber der Geschmack ist intensiver und es sind meist mehr Vitamine sowie bioaktive Substanzen in ihnen enthalten als in herkömmlich angebauten Sorten.

Beim Anbau von biologischem Obst und Gemüse wird auf chemische Spritzmittel verzichtet.
Trotzdem befinden sich die unvermeidlichen Mengen an Umweltschadstoffen aus Luft und Regen (z. B. Blei, Cadmium) auf der Oberfläche von Obst oder Gemüse. Deshalb gilt auch hier: Gründlich reinigen!

Dem Obstkonsum Ihres Kindes sind nach oben hin fast keine Grenzen gesetzt – *„fast“* deshalb, weil der Anteil an Frucht- und Traubenzucker mit durchschnittlich 15 % relativ hoch ist. Besonders Bananen enthalten viel natürlichen Zucker (bis zu 23 %).
Dadurch ist Obst energiereicher als Gemüse und **soll bei erhöhtem Körpergewicht max. in den empfohlenen Mengen gegessen werden.** Bieten Sie in diesem Fall eher Gemüserohkost zum Knabbern an!

Achten Sie auf Qualität:
Verwenden Sie kein Obst, das bereits faulig oder schimmelig geworden ist! Es kann selbst an den unbeschadet wirkenden Stellen schon giftige Nebenprodukte der Schimmelpilze und Fäulnisbakterien enthalten.

Ihren Kindern sollten Sie auch kein zu lange gelagertes Obst, das bereits Fremdgeschmack angenommen hat, zumuten.

Noch eine Warnung:
Rohe Holunderbeeren (auch als Saft!) und die Kerne von Marillen (Aprikosen), Pfirsichen, Zwetschken (Zwetschgen, Pflaumen), Kirschen, Birnen und Äpfeln enthalten Blausäure.

Diese kann Übelkeit und andere Vergiftungssymptome auslösen. Die Säure wird jedoch beim Kochen gänzlich zerstört.

Wie kann ich meinem Kind Obst schmackhaft machen?

Manche Kinder lieben Obst heiß, andere kann man damit in die Flucht schlagen.
Eine „Durststrecke" in Sachen Obstverzehr von Kindern zwischen dem 5. und 15. Lebensjahr orten auch Ernährungspsychologen. Sie raten, Obst trotzdem immer wieder in vielfältiger Form anzubieten und auch kleine Erfolge dieser Bemühungen wahrzunehmen.
Auch wenn die Hilfestellungen zeitweise wie vergebliche Liebesmühe erscheinen, sie beeinflussen später doch das Ernährungsverhalten bis ins hohe Alter.
Häufig hängt die fehlende Freude am Obst damit zusammen, dass manche Obstsorten für den kindlichen Gaumen zu viel Säure enthalten. Erdbeeren werden deshalb lieber gegessen als Ribiseln (Johannisbeeren). Versuchen Sie, die Lieblingssorten herauszufinden! Eventuell hilft es auch, das Obst zu **pürieren und im Mix mit Milchgetränken bzw. mit Topfen (Quark)** zu servieren.
Die Milchprodukte puffern dabei die Säure der Früchte ab, wodurch der Geschmack „weicher" wird. Allerdings sind dieser Fähigkeit der Milch Grenzen gesetzt.

Milch flockt beim Mischen mit größeren Mengen an Orangen- oder Zitronensaft natürlicherweise aus! Das ist ganz natürlich, denn ähnliches geschieht auch bei der Verdauung durch die Magensäure.

Kinder werden oft von fleckigen Schalen oder angeschlagenem Obst abgeschreckt. Wenn Kinder nur die optische Form oder die „Härte" ablehnen, wird Obst eher in Form von Obstsaft oder Obstsauce akzeptiert, z. B. zu unseren „Topfennockerln" und „Zimtknödeln" (*„Pfiffige Rezepte für kleine und große Leute"*, ☞ weiterführende Literatur).
Obst lässt sich auch anders verstecken, z. B. im Obstkuchen, im Früchtereis, im Obstknödel (-klöße) oder feinwürfelig geschnitten im Rohkostsalat.
Oder vielleicht bewegen Sie Ihr Kind zum Mitessen, wenn Sie **Ihre eigene Obstportion teilen** bzw. wenn Sie sich die Stückchen beiläufig wegstibitzen lassen oder wenn Sie Ihr Kind bei der Zubereitung helfen lassen.

Zählen Kompott und Marmeladen als Obstportion?

Ab und zu können Sie Ihrem Kind auch Kompott statt des Frischobstes anbieten. Beim Einkochen geht jedoch ein Großteil der hitzeempfindlichen Vitamine verloren. Außerdem enthalten Kompotte und Dosenfrüchte – je nach Zubereitungsart – bis zu 25 % Zucker. Der Saft der Konserven ist daher zu den Süßigkeiten zu rechnen, wenn er getrunken oder in einer Speise verwendet wird. Bei frisch gekochtem Kompott, das sofort gegessen wird, lässt sich auch gänzlich auf Zucker verzichten, denn Zucker wird hauptsächlich zur Verlängerung der Haltbarkeit zugegeben.

Marmeladen werden nicht als Obstersatz gerechnet, weil sie nicht in solch großen Mengen verzehrt werden. Dazu kommt, dass der Zuckergehalt sogar bis zu 65 % betragen kann. Sie zählen zu den Süßigkeiten. Da ist es sinnvoller, **frische Obststücke** kunstvoll **auf ein Topfen- (Quark-) oder Butterbrot zu legen.** Das liefert Vitamine und macht auch kleinen Köchinnen und Köchen Spaß.

Marmeladen enthalten den gelierenden Ballaststoff Pektin, der aus Äpfeln gewonnen wird. Diese Gelierhilfe bzw. dieser Bestandteil von Gelierzucker hat die Fähigkeit, indirekt den Cholesterinspiegel im Blut zu senken.

Da Kinder vereinzelt schon im Vorschulalter einen **erhöhten Cholesterinspiegel (über 170 mg/dl)** haben, ergibt das einen kleinen positiven Nebeneffekt. Hilfreicher sind in diesem Fall aber Haferflocken (z. B. im Müsli), täglich ein frischer Apfel und insgesamt etwas fettärmere Speisen.

Kann ich Trockenfrüchte anstelle von Obst anbieten?

Getrocknete Früchte werden von Kindern oft lieber gegessen als frisches Obst. Sie sind süßer und „cooler“. So liebt Hanni ihre getrockneten Apfelspalten als Jause (Zwischenmahlzeit) im Kindergarten, während ein ganzer, frischer Apfel ungegessen bzw. nur angebissen zurückgebracht wird.

Trockenfrüchte können das Frischobst allerdings nur begrenzt ersetzen. Zwar **bleiben die Mineralstoffe erhalten,** jedoch die wichtigen Vitamine gehen beim Trocknen fast gänzlich verloren. Auch wird bei Rosinen, Datteln, Marillen (Aprikosen) & Co oft unterschätzt, dass sie wahre Kraftnahrung sind.

Eine Marille enthält auch getrocknet noch immer die Zuckermenge einer frischen Frucht, ist aber viel kleiner.

Trockenfrüchte: *Da der Wasseranteil fehlt, entspricht eine Portion Obst nur einer halben Handvoll Trockenfrüchte.*
Bitte verwenden Sie Trockenobst wie ein Gewürz, denn 2 EL Trockenobst entsprechen im Energiegehalt etwa 1 EL Zucker.

Als „süßes Gewürz" für Müsli und Süßspeisen sind **Trockenfrüchte** aufgrund des hohen Mineralstoff- und Ballaststoffgehaltes **dem Zucker** oder dem Honig aber **überlegen.**

Getrocknete Früchte helfen bekanntermaßen bei **Verstopfung.** Das hängt mit ihrem hohen Anteil an Ballaststoffen (z. B. mit dem holzähnlichen Lignin in Birnen) zusammen.
Hilfreich zur Anregung der Verdauung sind in Wasser eingeweichte getrocknete Marillen (Aprikosen), Apfelspalten oder auch Dörrzwetschken (-zwetschgen, -pflaumen) .

Wenn Sie nicht die Möglichkeit haben, selbst Trockenobst herzustellen, sollten Sie beim Einkauf darauf achten, möglichst ungeschwefelte Trockenfrüchte zu wählen. Manche Kinder reagieren auf geschwefeltes Trockenobst mit allergieähnlichen Symptomen.
Trockenfrüchte sind nicht dasselbe wie kandierte Früchte! Letztere enthalten mehr Zucker und sind oftmals gefärbt, weshalb sie in der Ernährung von Kleinkindern nicht wirklich geeignet sind.

KURZ

- *Täglich 2 Portionen Obst zu je einer Handvoll!*
- *Vielfalt: Frischobst, Tiefkühlobst, Kompott, Marmelade, Trockenfrüchte!*
- *Giftig: Rohe Holunderbeeren!*

Milchprodukte stärken die Knochen

Milch zählt nicht zu den Getränken, sondern bildet mit den daraus gewonnenen Produkten eine eigene Lebensmittelgruppe, die zu den tierischen Eiweißlieferanten gerechnet wird. Diese sollen in Maßen eine Rolle in der Ernährung spielen, wobei den Milchprodukten der größte Stellenwert gebührt. Kinder brauchen 3 Portionen Milchprodukte täglich à 100 – 120 ml Milch, Sauer- oder Buttermilch oder 100 – 120 ml Joghurt. Das entspricht:

Alter des Kindes	1 Jahr	2 – 3 Jahre	4 – 6 Jahre
Milch, Milchprodukte	300 ml/Tag	330 ml/Tag	350 ml/Tag

* 100 ml Milch entsprechen einer kleinen Scheibe Käse (15 g) oder 30 g Frischkäse (Topfen / Quark, Streichkäse).

Milch ist eine gute Quelle für Vitamine und Mineralstoffe. Sie enthält größere Mengen an Magnesium, Phosphor und vor allem an Calcium.
Diese sind wesentlich für den Aufbau von Knochen und Zähnen, deshalb ist Milch für Kinder im Wachstum so wichtig. In Milchprodukten sind überdies kleine Mengen an Vitamin D enthalten, welches mithilft, Calcium in die Knochen einzubauen.
Milch und Milchprodukte liefern uns darüber hinaus Jod, Zink, Vitamin B_2 und B_{12} sowie Milchzucker, tierisches Eiweiß von hoher Qualität und leicht verdauliches Milchfett.

Butter, Schlagobers (Schlagrahm, süße Sahne) oder Sauerrahm (saure Sahne) zählen jedoch zu den Fetten. Kleinkinder haben im Verhältnis noch einen etwas höheren Fettbedarf als Erwachsene.

Für die Deckung des täglichen Bedarfes sollen Milchprodukte mit normalem Fettgehalt gewählt werden.

Günstig sind also **Vollmilch, Sauermilch, Frischkäse (z. B. Topfen / Quark) und Schnittkäsesorten bis zu 45 % F.i.T.** (☞ Seite 66).
Es soll allerdings nicht die ganze Milchportion in Form von Käse gegessen werden, da dieser neben einem erhöhten Fettanteil auch mehr Salz enthält.

Mit Milchprodukten lässt sich der Energiegehalt der Nahrung leicht erhöhen oder verringern. Dies ist wichtig, wenn Ihr Kind zu dünn oder zu dick ist (☞ Kapitel *„Was tun, wenn ...“*).

Sauermilchprodukte

Allen Sauermilchprodukten (Joghurt, Dickmilch, Sauer- und Buttermilch, Kefir) wird eine gesundheitsfördernde

Wirkung zugeschrieben. Für den typischen Geschmack sorgen spezielle Säuerungsbakterien, die den Milchzucker in Milchsäure umwandeln.

Die gleichen Bakterien finden sich auch im menschlichen Darm. Sind davon ausreichend im Darm Ihres Kindes angesiedelt, so haben krankmachende (z. B. Durchfall verursachende) Bakterien kaum eine Chance anzuhaften.

Ist die Zusammensetzung der Bakterien im Darm des Kindes bereits gestört (z. B. nach einer Antibiotika-Behandlung), dann ist es sinnvoll, vermehrt Sauermilchprodukte anzubieten. Der Darm wird so neuerlich mit den geeigneten Bakterien besiedelt und das Immunsystem wieder gestärkt.
Dazu eignen sich Joghurt, Acidophilusmilch, Bifidusmilch und sogenannte „probiotische" Milchprodukte.

Beim Einkauf von Milchprodukten soll den „Natur"-Varianten der Vorzug gegeben werden. Denn Milchdesserts enthalten einen relativ hohen Zuckeranteil, manchmal auch Farb- oder Geschmacksstoffe.
Achten Sie bei der Auswahl der Fruchtjoghurts etc. möglichst auf farbstoff- und aromafreie Produkte! Meiden Sie „Fruchtzubereitungen mit Aroma"!

Bei Kindern sind Fruchtmilchgetränke, Topfen (Quark) mit Früchten (auch in Zwergepackung), Fruchtjoghurt und Kakao- oder Vanillemilch meist beliebter als Naturjoghurt und Vollmilch.

Sie enthalten jedoch ziemlich viel Zucker. Als ungezuckerte Alternative können Sie Joghurt bzw. Topfen mit frischen, geschnittenen oder pürierten Früchten anbieten.

Mischen Sie süße Fruchtjoghurts 1:1 oder 2:1 mit Naturjoghurt für zuckerarme Varianten. Diese können in die vertrauten bunten Plastikbecher gefüllt und mit Plastikfolie verschlossen im Kühlschrank aufbewahrt werden.
Viele Kleinkinder beharren nur wegen der bunten bzw. bebilderten Becher auf den süßen Produkten. Manche wollen aber unbedingt die heiß begehrten Deckel selbst aufreißen, dann gelingt dieser Trick leider nicht mehr.

Selbst gemischte Topfencremen können in Joghurtbechern mit zugekauften Stielen auch gut zu „Eis am Stiel" tiefgefroren werden.

Pürierte Früchte für selbst gemischte Joghurts lassen sich durch Tieffrieren auch für den Winter vorbereiten.

Wer gerne experimentiert und Joghurt, Kefir, Sauermilch und einfache Frischkäsesorten (Topfen / Quark, Joghurtkäse und andere Käsesorten) einmal selber herstellen möchte, der erhält genaue Anleitungen im Buch *„Joghurt, Käse, Rahm und Co – Gesundes aus Milch selbst gemacht"* (☞ weiterführende Literatur). Zusätzlich erhalten Sie dort jede Menge Tipps für die Weiterverarbeitung in der Küche bzw. zu allerlei Hausmittelchen.

Was muss ich beim Umstieg auf Kuhmilch beachten?

Dies ist eine der häufigsten Fragen, die uns zum Thema Milch gestellt werden. Viele Mütter verunsichert, dass im 1. Lebensjahr pasteurisierte Kuhmilch als Flaschennahrung gänzlich abgelehnt wird und dass sie dann nach dem 1. Geburtstag schlagartig erlaubt ist. Dazu kommt, dass die Folgemilchpackungen von Seiten der Industrie noch bis zum 3. Lebensjahr angepriesen werden.

Nach dem 1. Lebensjahr sind Säuglingsmilchnahrungen nicht mehr notwendig. Wenn Ihr Kind jedoch etwas länger beim gewohnten Geschmack bleiben möchte, so können Sie dies noch zulassen und den Umstieg auf Kuhmilch über Joghurt oder Topfen (Quark) beginnen.
Dies gilt auch für länger gestillte Kinder, denn Muttermilch ist auch im Kleinkindalter weiterhin die beste Milchnahrung für Ihr Kind.

Die Umstellung wird von Land zu Land unterschiedlich gehandhabt. Eine direkte Umstellung auf Vollmilch ist möglich. Um das Kind an den Geschmack zu gewöhnen, empfehle ich jedoch, die Umstellung auf Kuhmilch mit **„Zwei-Drittel-Milch“** (einer Mischung von 2/3 Milch zu 1/3 Wasser) zu beginnen.
Es kann über 3/4 Milch mit 1/4 Wasser im Laufe der ersten Woche zu Vollmilch (3,5 – 3,8 % Fett) gewechselt werden. Wenn Sie wollen, können Sie sich dabei auch mehr Zeit lassen. Sie müssen nicht sofort jede Säuglingsflasche mit Kuhmilch füllen. Anfangs reicht es, wenn zu 3 Frühstücksmahlzeiten pro Woche ein Glas mit Milch serviert wird, wenn an den anderen Tagen Säuglingsmilchnahrung gegeben wird.
Die pasteurisierte Milch wird nur gewärmt, denn durch zusätzliches Abkochen würden viele der empfindlichen Vitamine verloren gehen.

Erwärmen Sie Milch aus dem Kühlschrank immer auf Trinktemperatur, da sie sonst für den Magen Ihres Kindes zu kalt ist!

Kinder, die eine gezuckerte Milchnahrung (z. B. Milumil 2) gewohnt sind, lehnen Kuhmilch leider oft auf Grund des fehlenden Süßgeschmacks ab.
Eine Mutter berichtete mir, dass sie die Flaschennahrung schrittweise mit immer mehr Zwei-Drittel-Milch gestreckt hätte, um den neuen Geschmack akzeptabel zu machen.

Wie gelingt der Umstieg auf Schaf- oder Ziegenmilch?

Schafmilch ist fetthaltiger als Kuhmilch und liefert mehr Mineralstoffe. Beginnen Sie beim Umstieg daher zuerst mit einer Halbmilch (1/2 Milch, 1/2 Wasser), wechseln Sie nach einiger Zeit auf eine

Zwei-Drittel-Milch. Schaf-Vollmilch sollten Sie erst nach dem 2. Lebensjahr anbieten, am besten teilentrahmt.
Mit Ziegenmilch ist ähnlich wie mit Kuhmilch zu beginnen, da die Unterschiede nicht so gravierend sind. Schaf- und Ziegenmilch stehen aber nicht das ganze Jahr frisch zur Verfügung.

Damit die Versorgung mit Schaf- und Ziegenmilch auch im Winter gewährleistet ist, kann man Tagesportionen tieffrieren oder auf getrocknete Ziegenmilch aus der Apotheke zurückgreifen.

Braucht mein Kind eine spezielle Kleinkindermilch?

Mittlerweile sind eigene Milchnahrungen für Kleinkinder auf dem deutschsprachigen Markt.
In der Werbung wird Müttern vorgeschwärmt, dass diese speziellen Kindermilchprodukte besonders gut und gesund für ihr Kind seien, besser als die reine Kuhmilch.

Das Forschungsinstitut für Kinderernährung in Dortmund hat die Produkte genauer unter die Lupe genommen. Dabei stellte sich heraus, dass die angebotenen Kleinkindermilchen (z. B. „Milupino Kindermilch" von Milupa und „5-Korn-Milchnahrung" von Alete / Nestlé) in ihrer Zusammensetzung einer 2er bzw. 3er-Nahrung sehr ähnlich sind.
Im Prinzip sind sie 2/3 bis 3/4 **Kuhmilch-Wasser-Mischungen mit Zusätzen** verschiedener Nährstoffe. Sie enthalten darüber hinaus manchmal Geschmackszusätze wie Erdbeere, Vanille, Schokolade und Banane.
Es ist fraglich, inwieweit ein Kleinkind bei einer normalen und ausgewogenen Mischkost ein Milchprodukt mit diesen Zusätzen braucht.

Außerdem werden aus kinderärztlicher Sicht **Milchnahrungen mit Getreidezusätzen abgelehnt,** weil somit übermäßig viel Energie trinkend aufgenommen wird. Ihre Verabreichung kommt rasch einer **Überfütterung** gleich, weil der Sättigungsmechanismus nicht schnell genug greifen kann, und sie können zu Karies führen.

Milch ist in der Kinderernährung als Calciumlieferant sehr wichtig. Diese neuen Milchnahrungen für Kleinkinder enthalten teils ebenso viel Calcium wie Kuhmilch, manchmal jedoch auch weniger!
Eine spezielle Kleinkindermilch bietet bei abwechslungsreicher Ernährung keinen Vorteil, die Kosten dafür sind aber durchaus als Nachteil zu werten. Sie liegen etwa 2- bis 3-mal höher als für herkömmliche Milch.

Außerdem dienen Lebensmittel nicht nur der Nährstoffversorgung des Kindes, sondern sind auch wichtiger Teil der Ernährungserziehung und der Entwicklung eines altersgemäßen Essverhaltens.
Kinder sollen ja von ihren Eltern „ne-

benbei" den richtigen Umgang mit möglichst natürlichen Lebensmitteln lernen! Wenn aber immer wieder spezielle Lebensmittel für Kinder vorgesetzt werden, wird das Kind von der Essenswelt der Erwachsenen ausgeschlossen.
Die Verwendung dieser speziellen Produkte beeinflusst obendrein die Geschmacksprägung des Kindes. Dann ist es nicht verwunderlich, wenn infolgedessen später „normale" Kuhmilch abgelehnt wird! Es ist **weitaus sinnvoller, Sie verwenden eine hochwertige BIO-Milch**.

Muss ich auf Haltbarmilch verzichten?

Haltbarmilch (**UHT-Milch**) wird ca. eine Sekunde auf über 135 °C erhitzt und dadurch mindestens 6 Wochen bei Raumtemperatur lagerbar. Durch die hohe Temperatur entstehen neben Vitaminverlusten (etwa 20 % mehr im Vergleich zu pasteurisierter Milch) auch geschmackliche Veränderungen, da der Milchzucker karamellisiert.
Manche Eltern schätzen Haltbarmilch, weil sie auf Vorrat gekauft werden kann. Wegen des geringeren Vitamingehaltes im Vergleich zur Frischmilch soll H-Milch jedoch möglichst selten, keinesfalls täglich verwendet werden! Bevorzugen Sie als haltbare Reserve eine 0,5%ige H-Milch, da der Kochgeschmack weniger intensiv ist als bei 3,6 %iger H-Milch.
Ein Mitteldding zwischen Haltbarmilch und pasteurisierter Milch ist die sogenannte **ESL-Milch** (hochpasteurisierte Milch), die in letzter Zeit die Frischmilch mehr und mehr aus dem Supermarktregal verdrängt.
Sie ist 12 – 21 Tage haltbar – länger als pasteurisierte Frischmilch, aber nicht so sehr im Geschmack verändert wie Haltbarmilch. Sie muss im Kühlschrank gelagert werden. Gekennzeichnet ist die ESL-Milch hauptsächlich als „länger frisch" oder „hocherhitzt".

Sterilmilch, die bis zu 40 Min. auf etwa 110 °C erhitzt wird und dadurch über ein Jahr gelagert werden kann, ist für Kleinkinder nicht geeignet!

Kann ich Rohmilch direkt vom Bauernhof verwenden?

Manche Mütter wollen Rohmilch frisch vom (eigenen) Bauernhof verwenden. Meist sind die Viehbestände hierzulande frei von Krankheiten. Aber frische Rohmilch soll erst **ab dem 6. Lebensjahr** verwendet werden, denn in Rohmilch können vereinzelt Durchfall erregende Bakterien enthalten sein.
Des Weiteren ist im deutschsprachigen Raum bei einigen Kleinkindern in den letzten Jahren Nierenversagen durch spezielle, krankmachende Coli-Bakterien (EHEC) aus der Rohmilch

aufgetreten. Dieses Risiko schwerer Nierenschäden lässt viele Wissenschafter vor Rohmilch in den ersten 6 Lebensjahren warnen.
Die Milch muss daher für Kleinkinder immer pasteurisiert oder zumindest abgekocht werden! Beachten Sie jedoch, dass bei im Haushalt abgekochter Milch der Vitaminverlust weitaus größer ist als bei pasteurisierter Milch!
Eine Mutter wies mit ihrer Anfrage auf einen weiteren Teilaspekt hin, nämlich auf den Rohmilchkäse (z. B. viele französische oder BIO-Käsesorten).
Gerade er gilt als Käse von höchster geschmacklicher Qualität und wird aus bester Milch gewonnen.
Die Wahrscheinlichkeit, dass sich darin krankheitserregende Bakterien befinden, ist vor allem im Schnitt- und Hartkäse gering, weil viele Bakterien einen gewissen Wassergehalt zum Überleben benötigen, aber sie kann nicht ausgeschlossen werden. Daher ist **nur Käse „aus pasteurisierter Milch" im Kleinkindalter empfohlen.** Achten Sie auf das Etikett!

Was tun, wenn mein Kind Milch ablehnt?

Nicht jedem Kind schmeckt Milch als Frühstücksgetränk. Doch die meisten Kinder akzeptieren Milchprodukte bzw. Milch in anderer Form. Wenn Ihr Kind ausreichend Sauermilch, Joghurt oder Käse zu sich nimmt, ist seine Calciumversorgung gesichert. Milchmixgetränke mit frischen Früchten (z. B. Bananenmilch), Topfendesserts (Quarkdesserts), Joghurt zu ☞ Cornflakes oder Müsli bzw. Hauptgerichte wie Milchreis, Pudding oder Grießbrei sind als Calciumlieferanten gut geeignet.
Milch und Milchprodukte lassen sich auch in Suppen, Salatsaucen und in Aufläufen, die mit Käse überbacken wurden, unterbringen. Es muss also nicht unbedingt das Käsebrot mit einem Glas Milch sein, wenn Ihr Kind das nicht mag!

Ist Kakao besser als gar kein Milchgetränk?

Von manchen Kindern wird Kakao einfach lieber getrunken als Milch pur. Fertige Kakaogetränke aus dem Handel und Instantpulver sind jedoch sehr zuckerreich. In 1/4 l Kakao verbergen sich ca. 10 g Zucker, sodass die maximale Tagesmenge an Zucker damit erreicht wird. Wird mehr Kakao getrunken, muss die Menge an Süßigkeiten dementsprechend verringert werden. Manche Eltern mischen lieber selber Kakaopulver mit Zucker, um genau zu wissen, welche Mengen wovon drinnen sind. Es gibt allerdings mittlerweile schon zuckerreduzierte Fertigkakaopulver im Handel. Bereiten Sie den Kakao auch dann jedoch eher hell zu!

Können Molkegetränke Milch ersetzen?

Einmal fragte in einem meiner Seminare eine Mutter, deren Kinder Fruchtmolkegetränke lieben, ob diese als Milchprodukt gerechnet werden könnten. Molke ist eigentlich ein Nebenprodukt der Käseerzeugung. Verglichen mit Frischmilch, enthält Naturmolke um vieles weniger Eiweiß und Fett und nur noch die Hälfte der Calciummenge. Sie sind also nur in doppelter Menge ein Ersatz für Milch.

Molkegetränke tragen – auch verdünnt mit Fruchtsaft – ihren Teil zur Calciumversorgung bei. Sie sind daher hochwertige Durstlöscher, sofern sie nicht sehr gesüßt sind, wie das bei Fertigprodukten leider häufig der Fall ist.

Mein Kind trinkt nur Milch, ist das zu viel?

Phasenweise trinken manche Kinder sehr viel Milch, besonders wenn sie andere tierische Eiweißquellen (Fleisch, Fisch, Eier) vorübergehend ablehnen. Grundsätzlich ist es positiv, wenn Ihr Kind Milch trinkt. Milch ist jedoch ein Lebensmittel mit Kalorien und deshalb nicht als alleiniger Durstlöscher geeignet. Zur Pausenverpflegung gehört zusätzlich ein Getränk.
Wenn Ihr Kind oft mit Milchgetränken seinen Hunger stillt, sollten Sie darauf achten, dass andere wichtige Lebens-

mittel (Gemüse, Obst, Getreide, Fisch) nicht zu kurz kommen! Neigt Ihr Kind zu Übergewicht, ist es ratsam, die Milchmenge auf die empfohlenen Mengen einzugrenzen, die Milch im Milchmixgetränk oder Kakao evtl. mit 1/4 oder 1/3 l Wasser zu verdünnen und beim Einkauf zu Magermilch bzw. zu Molkegetränken zu greifen.

Was bedeutet F.i.T. auf der Käsepackung?

Jedem, der Käse im Supermarkt schon einmal genauer unter die Lupe genommen hat, wird aufgefallen sein, dass der Fettgehalt darauf in % F.i.T. angegeben wird. Hinter diesem Kürzel verbirgt sich „Fett in der Trockenmasse". Das bezeichnet **den Fettanteil aller Käsebestandteile nach Abzug des Wasseranteils.**

Der „absolute Fettgehalt" des gesamten Käses liegt daher immer niedriger – bei Frischkäse (Gervais) beträgt er ca. die Hälfte des F.i.T., bei Schnittkäse (Emmentaler) etwa 2/3 des F.i.T. Manchmal ist der absolute Fettgehalt auch auf der Packung angegeben. **Greifen Sie möglichst zu Käsesorten, die max. 25 % absoluten Fettgehalt oder bei Schnittkäse 45 % F.i.T. aufweisen!**

Sind Schimmel-, Schmelz- oder Scheibenkäse geeignet?

Weiß- oder Blauschimmelkäse erfreut sich bei Erwachsenen großer Beliebtheit, und ich staunte nicht schlecht, als ich bei einem Besuch bei französischen Freunden sah, welche Vielfalt an Käsesorten dem 2-jährigen Pierre zur Auswahl angeboten wurde. Es liegt wohl in der französischen Kultur, diesen Geschmack früh zu prägen und zu schulen. **Anfang des 2. Lebensjahres sollen allerdings milde Käsesorten (z. B. Edamer, Gouda, Topfen / Quark, Mozarella) bevorzugt werden!** Später können milde Schimmelkäsesorten (z. B. Camembert) offeriert werden.

Blauschimmelkäse und **Hartkäsesorten** haben oft durch die längere Reifungszeit einen scharfen Geschmack und können dann nur gerieben als Geschmacksgeber in einer Käsesauce etc. genutzt werden.

Ähnliches gilt für den sehr salzigen **Feta,** eine griechische Schafkäsesorte. Legt man ihn über Nacht in kaltes Wasser, so wird er milder und kann in kleinen Mengen zum Würzen von Speisen verwendet werden. **Schließlich nehmen Kleinkinder den Geschmack intensiver wahr als Erwachsene, da sie eine größere Anzahl an Geschmacksknospen auf der Zunge haben.**

Schmelzkäse und Scheibenkäse wird unter anderem aus Käseresten erzeugt, nochmals erhitzt und mit Hilfe von Käserei-Phosphatsalzen eingeschmolzen. Dadurch wird er streichfähiger, hat jedoch **einen viel höheren Gehalt an Käsereisalzen** und ist für die Kost Ihres Kleinkindes wenig geeignet. Bevorzugen Sie zum Überbacken oder für den Toast Gouda oder Edamer.

Wenn das Kind gerade Verdauungsprobleme (Durchfall, Blähungen) hat, sollten Sie seinem Verdauungstrakt weder Schimmelkäse noch andere Schnitt- bzw. Hartkäse zumuten, da diese Sorten schwerer verdaulich sind als Frischkäse.
Meiden Sie auf jeden Fall Käse, der im Kühlschrank Fremdpilze (schwarz, grellgelb, grellrot etc.) entwickelt hat, er ist meist verdorben!

Soll ich Joghurts mit rechtsdrehender Milchsäure kaufen?

Bestimmte Milchprodukte werden damit beworben, hauptsächlich rechtsdrehende Milchsäure zu enthalten. Im menschlichen Körper wird nur diese Milchsäure selber gebildet. Körpereigene Milchsäure entsteht bei ungewohnt langer Bewegung in den Muskeln. Dort verstärkt sie vermutlich den „Muskelkater“, der durch kleine Muskelverletzungen ausgelöst wird, bevor sie bald darauf wieder abgebaut wird.
Beim Säuerungsprozess von Joghurt, Käse oder Sauerkraut entsteht sowohl rechtsdrehende als auch linksdrehende Milchsäure.
Mittlerweile hat man erkannt, dass auch linksdrehende Milchsäure keine besondere Belastung für den Körper darstellt. Diese wird im Stoffwechsel ebenfalls abgebaut bzw. ausgeschieden, allerdings langsamer als die „heimische“ rechtsdrehende. **Beim Einkauf müssen Sie also nicht speziell auf Joghurts mit hauptsächlich rechtsdrehender Milchsäure achten!**

Für alle Neugierigen hier noch eine kurze Erklärung, warum Milchsäure „drehend“ sein kann. Es handelt sich um ein einfaches physikalisches Phänomen. Beleuchtet man die reine Milchsäure mit einem einzelnen polarisierten Lichtstrahl, so kann sie diesen entweder nach links oder rechts ablenken, wodurch der Lichtstrahl die Milchsäureprobe auf der anderen Seite nach rechts oder links „gedreht“ verlässt.

Bifidusmilch und probiotische Joghurts, wozu sind die gut?

Viele Kinder mögen die milde Säuerung, die von Bifidusbakterien und probiotischen Joghurtbakterien stammt. Außerdem wirken manche Joghurts **cremiger, obwohl sie die übliche Menge an Fett enthalten.** Diese Joghurts und joghurtähnlichen Drinks sind daher oft beliebter als das „normale“ Joghurt. Eine Tatsache, die zählt, wenn es darum geht, Abwechslung und die richtige Menge an Milchprodukten „an das Kind zu bringen“.
Die in probiotischen Produkten enthaltenen **Bakterien dienen zum Aufbau der Darmflora** und verdrängen krankmachende Bakterien im Darm ähnlich, aber intensiver als Joghurt- und Sauermilchbakterien. Daher können diese

speziellen Joghurts nach einer längeren Antibiotikagabe auch zu einer „Darm-Regenerations-Kur“ (einmal täglich 1 Portion für mindestens 3 Wochen) genossen werden. Achten Sie jedoch darauf, zu ungesüßten Varianten zu greifen oder rechnen Sie gesüßte Portionen zu den Süßigkeiten.

Ist Kefir für Kleinkinder geeignet?

Wird Kefir für Kinder selbst hergestellt, so muss er mit Sorgfalt täglich frisch zubereitet werden, denn der in die Milch gelegte Kefirpilz vergärt den enthaltenen Zucker zu Milch- und Essigsäure, wobei auch kleine Mengen Alkohol gebildet werden. **Liegt der Kefirpilz 2 Tage in der Milch, so können bis zu 2 %, innerhalb von 4 Tagen sogar bis zu 5 % Alkohol entstehen.** Diese Mengen sind für Kinder zu hoch! Am ehesten sind fertig gekaufte Kefirgetränke aus der Molkerei, die standardisiert sind, für Kinder im Vorschulalter geeignet.

Alter, nicht ausreichend in Wasser gereinigter Kefirpilz (egal ob Milch-, Tee- oder Wasserkefir) enthält evtl. Fremdschimmelpilze, die gesundheitlich bedenklich sind.
Deshalb ist selbst hergestellter Kefir für Kinder nur bei sorgfältigster Zubereitung geeignet!

Mein Kind hat eine Milchallergie!

Wenn die Ärztin bei Ihrem Kind im Haut- und Bluttest eine Allergie auf Kuhmilch und Kuhmilchprodukte feststellte, so muss Kuhmilcheiweiß in jeder Form vermieden werden. Überprüfen Sie außerdem die Zutatenliste von Margarinen, Schokolade, Pralinen, Backwaren, Wurstwaren und Fertigprodukten auf Milchzusatz.

Mit der Ärztin kann abgeklärt werden, ob Schaf- oder Ziegenmilch als Ersatz möglich ist, wenn das Kind nur auf das artspezifische Molkeneiweiß reagiert. Diese Milchsorten stehen aber nicht das ganze Jahr über zur Verfügung, deshalb sollte man „Notrationen“ einfrieren. Ziegenmilch gibt es in der Apotheke auch als Pulver.

Mein Kind verträgt keinen Milchzucker!

Manche Kinder können schon als Baby den Milchzucker der Muttermilch und später denjenigen aus den Süßmilchprodukten nicht gut verwerten. Diese Stoffwechselstörung wird Lactoseintoleranz genannt.

Reagieren Kinder auf jede ungesäuerte Milch mit Durchfall, ist mit der Ärztin bzw. einer Diätologin (Diätassistentin, in der Schweiz: diplomierte Ernährungsberaterin) abzuklären, inwieweit „saure“ Sauermilchprodukte (z. B. Joghurt gegen Ende des Ablaufdatums, wenn die Joghurtbakterien fast allen Milchzucker vergoren haben) vom Kind noch vertragen werden können.

Laut TCM soll mein Kind keine Milch erhalten!

Die traditionelle chinesische Medizin und Ernährungslehre kommt weitgehend ohne Milch und Milchprodukte aus. Das hängt damit zusammen, dass mit Ausnahme gewisser Nomadenvölker, deren Hauptnahrungsquelle Milch darstellt, in weiten Teilen Chinas keine Milchtierhaltung erfolgt und daher die Fähigkeit der meisten Menschen dieses Landes, Milchzucker zu verarbeiten, stark herabgesetzt ist.
In unseren Regionen hat Milchverwendung und -verarbeitung Tradition. Laktoseintoleranz tritt eher selten und oft erst im späteren Erwachsenenalter auf. Die TCM schreibt der Milch **verschleimende Wirkung** zu. Wissenschaftliche Untersuchungen fehlen dazu.
Es liegt wohl in der Erfahrung des Einzelnen, die individuell verschieden sein kann, ob ein Verzicht auf Milchprodukte – ähnlich dem Verzicht auf Fleisch bei vegetarischer Ernährung – wohltuend ist.

Fehlt meinem Kind ohne Milchprodukte Calcium?

Wenn Ihr Kind alle Milchprodukte ablehnt oder eine Milchallergie hat, dann muss Calcium aus anderen Quellen zugeführt werden. **Leinsamen, Sesam, Mohn, Nüsse, Algen, Hülsenfrüchte (Tofu, Sojasprossen), Weizenkeimlinge, Haferflocken, Eigelb und Meeresfrüchte** liefern größere Mengen davon. Zu den calciumreicheren Fischen zählen Sardine, Brasse, Scholle, Karpfen und Seehecht.
Fenchel, Brokkoli, Porree (Lauch), Kohlrabi, Kohl und Sellerie leisten ebenfalls einen wesentlichen Beitrag zur Versorgung. Ein Teil des Calciumbedarfes kann durch angereicherten Fruchtsaft oder durch angereicherte Sojamilch abgedeckt werden. Wenn Ihr Kind jedoch wenig von den obigen Lebensmitteln isst, dann sollten Sie calciumreiches Mineralwasser als Getränk und für Suppen verwenden bzw. mit Ihrer Kinderärztin über eine zusätzliche Gabe von Calciumtabletten sprechen.

KURZ

- ***Täglich 3 Portionen Milch oder Joghurt zu je 100 – 120 ml (oder etwas Käse)!***
- ***Auswahl: Frischmilch, Vollmilch, ESL-Milch, UHT-Milch, Molke, Joghurt, Käse***
- ***Achtung: Keine Rohmilch in den ersten 6 Lebensjahren!***

Etwas Fleisch statt viel Wurst

Fleisch – vor allem rotes Fleisch – enthält besonders leicht verfügbares Eisen und ist daher die beste Eisenquelle in unserer Nahrung. Außerdem stellt es als wichtige Nährstoffe zusätzlich hochwertiges Eiweiß und Vitamin B_{12} zur Verfügung. Schweinefleisch enthält viel Vitamin B_1, Rindfleisch viel Zink – einen Mineralstoff, mit dem Kinder oft nur unzureichend versorgt sind. **Am besten, Sie bieten daher mageres Schweinefleisch, Rindfleisch und Geflügel abwechselnd an!**

Im Säuglingsalter sollen fast täglich kleine Fleischportionen angeboten werden. Später empfiehlt es sich, häufiger auf Fleisch zu verzichten und stattdessen Gerichte aus eisenreichem Vollkorngetreide kombiniert mit Vitamin-C-reichem Obst und Gemüse zu essen. Die im Vergleich zu den empfohlenen Tagesportionen eingesparte Fleischmenge kann der Fleischportion an anderen Tagen zugerechnet werden.

Durchschnittlich wird eine Fleisch-, Fisch- oder Eierportion täglich empfohlen, wobei **die Fleischportion etwa handtellergroß (ohne Finger) sein soll.**

In den angegebenen Fleischportionen pro Woche ist die Wurst im Pausenbrot genauso inkludiert wie die Fleischgerichte mittags und abends.

Alter des Kindes	1 Jahr	2 – 3 Jahre	4 – 6 Jahre
Fleisch, Wurst	30 g/Tag	35 g/Tag	40 g/Tag

Das Fleisch soll gedünstet, gekocht, gegrillt (☞ Seite 76) oder nur leicht angebraten, aber durchgegart serviert werden. Bei starkem Anbraten entstehen Röstprodukte, die in größeren Mengen ungesund sind.
Paniertes – egal ob Fischstäbchen oder Schnitzel – soll höchstens einmal pro Woche auf den Tisch kommen, denn es enthält unnötig viel Fett.
Essen Sie mit Ihrem Kind diese Speisen häufig außer Haus, dann ist zu bedenken, dass mancherorts die Qualität des

Rohe tierische Produkte meiden!
Sorgen Sie immer dafür, dass Fleisch und Fisch gut durchgegart sind!
Rohe Spezialitäten wie Rohwurst (z. B. Mettwurst), Tartar, Carpaccio, oder roher Fisch (Sushi, Räucherlachs) sind für Kleinkinder ungeeignet. Sie können verschiedene Krankheitserreger (z. B. Listerien) enthalten.

Fettes zweifelhaft sein kann, weil es mehrmals oder zu hoch erhitzt wurde. Auch in Wurstwaren kann viel Fett verborgen sein. Schinken, Schinkenwurst, Geflügelwurst, magerer Tiroler Speck und Aufschnitt eines mageren Bratens bzw. einer Truthahnbrust zählen zu den fettärmeren Sorten.

Extrawurst (Fleischwurst), Frankfurter (Wiener Würstchen), Brat-, Blut- und Leberwurst enthalten **zwischen 20 und 30 % Fettanteil.** Sie sollen daher nur ab und zu gegessen werden.

Dauerwurstwaren, wie z. B. Salami, und Streichwurst können sogar bis zu 50 % Fett enthalten und sollen Kindern selten angeboten werden.

Die meisten Kinder essen lieber Fleisch, das „nicht wie Fleisch aussieht", also das zu Schnitzel, faschierten Laibchen (Frikadellen), Fleischbällchen oder Wurst verarbeitet wurde. Magerem Faschiertem (Hackfleisch) soll hier der Vorzug gegeben werden. Es lässt sich in kleineren Mengen auch gut Gemüselaibchen (-bratlingen) oder Getreidebällchen untermengen oder in Knödel (Klöße) füllen. Ferner kann Faschiertes in Aufläufen und Sugo (Spaghettisaucen) Verwendung finden.

Was, wenn mein Kind gar kein Fleisch mag?

Kinder lehnen Fleischstücke häufig deshalb ab, weil das Fleisch grobe Fasern hat oder zu trocken ist. Vielleicht ist auch die Zubereitung nicht nach ihrem Geschmack, das Kalbskotelett nicht gut durchgebraten, vor Fett triefend oder zu intensiv gewürzt. Mild gewürztes Sugo (Spaghettisauce) mit Faschiertem (Hackfleisch), faschierte Laibchen (Frikadellen) und Wurst werden von den meisten Kindern gern gegessen.

Schinkenwurst sowie auch andere Wurstwaren enthalten zugesetztes Vitamin C, das die Eisenaufnahme aus Pflanzen verbessert. Es kommt jedoch vor, dass Kinder bestimmte Wurstsorten nicht mögen, weil ihnen die Würzmischung nicht zusagt. Phasenweise lehnen Kinder Fleisch auch ganz ab.

Es ist nicht weiter bedenklich, wenn Ihr Kind kein Fleisch essen mag. Das notwendige Eiweiß zum Aufbau der Muskeln erhält es auch aus Eiern, Fisch, Milchprodukten und Hülsenfrüchten.

Fleisch ist allerdings mit großem Abstand die beste Quelle für Eisen. Dies beruht darauf, dass das Eisen im Fleisch in einer Form vorliegt, die vom Körper 3- bis 8-mal besser ausgenutzt werden kann als das Eisen aus pflanzlichen Lebensmitteln.

Eine Möglichkeit, die Ausnutzung des Eisens zu verbessern, ist die gleichzeitige Aufnahme von Vitamin C (z. B. aus Orangen / Apfelsinen, Kiwis, Ribiseln / Johannisbeeren bzw. Paprika, Brokkoli, Karfiol / Blumenkohl, Fenchel, Kohlrabi oder Kohl) gemeinsam mit eisenreicheren pflanzlichen Lebensmitteln.

Darüber hinaus verbessern schon **kleine Mengen an Fleisch** in einer Mahlzeit (z. B. ein wenig Faschiertes im Gemüse-Getreide-Laibchen / Bratling) die Aufnahme des schlecht nutzbaren Eisens aus Gemüse oder Getreide. Eine fleischlose Ernährung muss auf der Basis von Vollkorngetreide beruhen (☞ Seite 74). **Als Getreidesorten liefern Hirse, Hafer und Roggen das meiste Eisen.** Wählen Sie deshalb Roggenbrot, Baby- bzw. Kindermüsli und Gerichte aus fein vermahlenem bzw. geschrotetem Vollkorngetreide! Quinoa und Amaranth sind exotischere, ebenfalls eisenreiche Beilagen. Sie stammen aus Südamerika. Auch Hülsenfrüchte (Erbsen, Bohnen, Linsen) bieten eine ausgezeichnete, eisenreiche Ergänzung.

Gemahlene Ölsamen (z. B. Sesam, Sonnenblumenkerne) liefern kleine zusätzliche Eisenrationen. Vergessen Sie aber nicht, die tägliche eisenreiche Mahlzeit mit Vitamin-C-reichem, frischem Obst oder Gemüse bzw. mit Obstsaft (statt mit Milchprodukten) zu kombinieren! Die Vitamin-C-reichen Zutaten verbessern die Aufnahme.

Folgende Speisen decken den Eisenbedarf von 8 mg/Tag eines Kleinkindes:

Eisenreiche Zutaten der Speisen	Eisengehalt
Müsli:	
4 EL (Vollkorn)haferflocken (40 g)	1,8 mg
7 Stück Mandeln, gerieben (10 g)	0,4 mg
100 g Joghurt, dazu Apfel und frische Beeren	0,1 mg
Erbsenreis:	
Vollkornreis, gekocht (100 g)	0,7 mg
1 EL Petersilie, gehackt (3 g)	0,2 mg
1 Portion junge Erbsen (50 g), dazu verdünnter Orangensaft	0,9 mg
Brote mit Apfel-Karotten-Rohkost:	
2 Scheiben Roggenvollkornbrot (je 50 g)	3,3 mg
1/2 geriebene Karotte / Möhre (30 g), dazu 1/2 Apfel	0,6 mg
Summe (entspricht Eisenbedarf 1 – 6 Jahre):	**8 mg/Tag**

Quelle der Nährstoffangaben: B. u. H. Heseker: Nährstoffe in Lebensmitteln, Umschau Verlag 2007.

Kann ich mein Kind vegetarisch ernähren?

Meistens versteht man unter vegetarischer Ernährung, dass man sein Kind fleischlos ernährt. Bei manchen Formen des Vegetarismus wird jedoch auch auf Fisch, Eier bzw. Milch verzichtet. **Je größer die Einschränkungen im Speiseplan, desto eher kann das Kind einen Mangel an Eiweiß, Eisen, Calcium, Magnesium oder Vitamin B_{12} erleiden.**
Wenn das Kind auffällig blass, müde, unkonzentriert und leistungsschwach wirkt oder gar offensichtliche Entwicklungsstörungen auftreten, so ist immer an einen möglichen Eisenmangel zu denken und der Eisenspiegel im Blut sowie der Eisenspeicher (Ferritin) zu messen.
Eisen ist Bestandteil des roten Blutfarbstoffes und verantwortlich für den Transport von Sauerstoff zu den Zellen. Neuere Studien weisen darauf hin, dass bei Kindern und Jugendlichen eine **optimale Gehirnentwicklung von einer ausreichenden Eisenversorgung abhängt.**
Bei fleischloser Ernährung über lange Zeit muss die Ärztin daher evtl. eine zusätzliche Versorgung mit Eisen (bzw. mit anderen fehlenden Mineralstoffen) anordnen. Es gibt zu diesem Zweck eisenhaltige Säfte, mit Eisen angereicherte Gläschenbreie für Kleinkinder und Eisentropfen.
Prinzipiell spricht nichts gegen eine gemäßigte vegetarische Ernährung im Kleinkindalter. Eltern, die ihren Kindern müssen dann jedoch Mehrarbeit bei der Speiseplanung leisten und dafür sorgen, dass im Essen alle wichtigen Nährstoffe in ausreichenden Mengen vorhanden sind. Folgendes sollten Sie besonders berücksichtigen:

- Sie können das **Eiweiß der Fleischportionen durch ein weiteres Ei, eine zusätzliche Fischportion und einige Extrascheiben Käse pro Woche ersetzen.** Die Kombination von Getreide mit Hülsenfrüchten bzw. mit Milchprodukten oder von Kartoffeln mit Ei liefert auch ohne Fleisch eine gute Eiweißqualität. Daher soll bei allen Mahlzeiten auf geeignete Kombinationen zweier Eiweißträger geachtet werden.
Auch Getreide und Buchweizen bilden eine hochwertige Eiweiß-Ergänzung. Zudem liefert Buchweizen eine Reihe wichtiger Mineralstoffe (Kalium, Calcium, Magnesium, Mangan, Kupfer und Eisen).

- Bei einer Unterversorgung mit Eisen kann der Körper zwar bis zu einem gewissen Maß die Fähigkeit verbessern, Eisen aus Lebensmitteln aufzunehmen. Die Voraussetzung ist jedoch, dass **viel eisenreiches Getreide** (Roggen, Hirse, Hafer, Quinoa, Amaranth, Grünkern, Weizenkeimlinge) **und häufig eisenreiches Gemüse** (Erbsen, Soja, Eierschwammerln / Pfifferlinge, Kohl / Wirsing, Spinat, Schwarzwurzeln, Fenchel und Brokkoli) **gemeinsam mit Vitamin-C-reichen Gemüse- oder Obstsorten** gegessen werden.

Verwenden Sie möglichst das Kochwasser mit! Kleinere Mengen Fleisch, Fisch oder Vitamin C in einer Mahlzeit vervierfachen die Ausnutzbarkeit an pflanzlichem Eisen. Für kleine Vegetarier sind daher Fischgerichte oder Vitamin-C-reiche Kombinationen, z. B. **Brot mit frischem Paprika, Müsli mit frischen Früchten oder Orangensaft (Apfelsinensaft) zur Getreidespeise,** ideal.

- **Lebensmittel und Getränke, die die Eisenaufnahme hemmen,** sollen möglichst vermieden bzw. **mengenmäßig eingeschränkt** werden! Dazu zählen Rhabarber und Spinat wegen der enthaltenen Oxalsäure. **Algenbestandteile,** sogenannte Alginate (z. B. Agar Agar, Carrageen), die als Geliermittel eingesetzt werden und in Puddingpulver, manchen Topfencremen (Quarkspeisen), Joghurts und Speiseeis enthalten sein können, zählen ebenfalls dazu. Auch **Kaffee und Schwarztee (Eistee),** die für Kinder wegen der aufputschenden Inhaltsstoffe nicht geeignet sind, vermindern – zum Essen getrunken – die Eisenaufnahme.
Milchprodukte hemmen ebenfalls die Eisenaufnahme, weshalb diese nicht gleichzeitig mit der täglichen eisenreichen Getreidemahlzeit aufgenommen werden sollen (also Müsli als Eisenquelle nur mit Apfelmus!).

- Im Wachstum ist es für Vegetarier auch wichtig, dass ausreichend **Zink (notwendig zur Zellteilung)** aufgenommen wird. Sie finden dieses in Kürbiskernen, Hülsenfrüchten, Sonnenblumenkernen, grünem Blattgemüse, Mais, Hefeflocken und -aufstrichen, Sesam und Weizenkeimen.

- Achten Sie auf **Vollwertigkeit** in der Ernährung Ihres Kindes! Die sogenannten „Puddingvegetarier", die sich zwar fleischlos, aber hauptsächlich von Süßigkeiten und Fertigprodukten ernähren, sind unausgewogen versorgt.

Darf mein Kind Leber und andere Innereien essen?

Wenn Sie gerne Leber essen, sollten Sie für den Familientisch Schweineleber wählen, da diese viel Eisen enthält. Ihr Kind kann **kleine Mengen** davon mitessen, sofern dies **nicht häufiger als alle zwei Wochen einmal** der Fall ist. Denn in Leber und in anderen Innereien sammeln sich Rückstände von Schadstoffen an. Besonders die Leber von älteren Tieren oder Wild ist damit sehr belastet und daher wenig als Kinderkost geeignet.

Für Kinder soll **ausschließlich Schweine- oder Geflügelleber von jungen Tieren** verwendet werden, da diese niedrigere Schadstoffmengen aufweisen. Aus den gleichen Gründen soll in der Kinderernahrung eher Kalb als Rind und eher Lamm als Schaf angeboten werden. Diese sollten **am besten aus biologischer Landwirtschaft** stammen, damit gleichzeitig gesichert ist, dass sie nicht mit wachstumsfördernden Mastmitteln gefüttert wurden.

Leber von Nutztieren kann außerdem stark **überhöhte Mengen an Vitamin A** aufweisen, da dieses vielen Futtermitteln zugesetzt ist und sich in der Leber anreichert. Da Vitamin A zu den fettlöslichen Vitaminen zählt, ist zu viel davon für Ihr Kind schädlich. Leber soll aus all diesen Gründen max. alle 14 Tage auf den Tisch kommen!

Ist Gegrilltes für Kinder gefährlich?

Grillen ist eine beliebte, weil geschmackvolle und fettarme Zubereitungsart. Doch will richtiges Grillen gelernt sein! Am besten verwendet man einen modernen Grill, der von der Seite erhitzt und leicht zu kontrollieren ist. Wer eher die urtümlichen Varianten des Holzkohlengrills und der Lagerfeuerglut liebt, muss nicht nur sich selbst, sondern auch alles Gegrillte **vor Rauch schützen.**

Wenn Fleischsaft oder Fett auf die Glut tropft und zu qualmen anfängt, dann enthält der Rauch krebserregende Stoffe, die sich an der Oberfläche des Grillgutes ablagern können. Daher muss eine **Fettauffangschale** verwendet und der Rost des Gartengrills hoch genug angebracht werden, damit weniger Rauch gebildet wird und dieser seitlich abziehen kann, ohne Schaden anzurichten.

Kinder lieben Spießchen oder Würstchen. Geben Sie Spießen mit Gemüsepaprika, Champignons, mild gewürzten Fleischbällchen oder Fleischstückchen den Vorzug. Hier lässt sich beliebtes Gemüse (Maiskolben, Kartoffelscheiben oder kleine Folienkartoffeln) mit einbinden.

Gegrilltes ist im Allgemeinen fettarm. Servieren Sie dazu kalte Gemüsesaucen oder Joghurt-Kräuter-Dips! Damit vermeiden Sie fettreiche Fertigsaucen. Ungeeignet sind Käsewurst und gepökelte Fleischwaren (z. B. Knackwurst, Schinken). Bratwurst ist normalerweise ungepökelt, enthält jedoch wie die meisten Wurstwaren ca. 30 % Fett. Gegrillte Fleischstückchen sind die fettärmere, geeignetere Variante.

Verkohltes und Verbranntes enthält viele Giftstoffe. Bei angebratenem Fleisch müssen unbedingt alle schwarzen Stellen großzügigst entfernt werden!

Kann ich Huhn oder Truthahn bedenkenlos verwenden?

Geflügel wird von Kindern gerne gegessen. Doch bei Huhn oder Pute ist es enorm wichtig, dass ganz durchgegart wird. Hier können sich sonst Salmonellen, das sind Bakterien, die Durchfall und Erbrechen auslösen, eingenistet haben und vermehren. Bitte kontrollieren Sie in diesem Sinn auch Grill- und Backhenderl (-huhn), die auswärts gegessen werden. **Ist das Muskelfleisch innen am Knochen noch roh, ist dieses ungeeignet – besonders für Kinder!**

Bereiten Sie Geflügel selber zu, so achten Sie bitte darauf, Küchengeräte, die mit rohem Geflügel in Berührung kamen, sofort gründlich unter heißem, fließendem Wasser zu reinigen. Weder verwendete Küchengeräte, noch Auftauflüssigkeit von Geflügel dürfen mit anderen rohen oder bereits gekochten Speisen in Kontakt kommen!

Geben Sie Geflügel beim Auftauen im Kühlschrank immer in einen zusätzlichen Behälter, der die Flüssigkeit auffängt. Auch beim Einkaufen sollten Sie darauf achten, dass Geflügelsaft in der Einkaufstasche nicht auf andere Lebensmittel tropfen kann!

Beim Kochen mit der Mikrowelle ist zu beachten, dass ohne Geflügelautomatik Teile des Geflügels unzureichend erhitzt sein können.
Dadurch ist die Gefahr einer Salmonellenvergiftung Ihres Kindes sehr hoch!

KURZ

- *Pro Woche 4 – 5 handtellergroße Portionen Fleisch oder Wurst!*
- *Mageres Fleisch und Schinken statt fettreicher Wurst!*
- *Innereien & Gegrilltes selten, (halb)rohes Fleisch bzw. Geflügel meiden!*

Regelmäßig Fisch – wichtig für die Gesundheit

Fisch ist ein wichtiges Nahrungsmittel, das zumindest einmal wöchentlich auf den Tisch kommen soll. Denn Fisch ist leicht verdaulich und liefert hochwertiges Eiweiß für das Muskelwachstum Ihres Kindes. Sein Fettanteil liegt deutlich unter dem von Fleischwaren und er enthält die gesundheitsfördernden Fischöle.

Weiters ist Fisch die mit Abstand **wichtigste Nahrungsquelle für Vitamin D,** das den Einbau von Calcium in die Knochen unterstützt. In den Wintermonaten ist es besonders wichtig Fisch anzubieten.

Vitamin D wird nur bei genügend langer Sonneneinstrahlung ausreichend in der Haut gebildet. Ihr Kind sollte dazu sich idealerweise mind. 10 Min. pro Tag im Freien aufhalten.

Seefisch (Kabeljau, Scholle, Seelachs und Schellfisch) ist überdies die **bedeutendste Nahrungsquelle für Jod.** Da einzelne Regionen in Österreich und Süddeutschland zu den Jodmangelgebieten zählen und deshalb vor allem in der Steiermark der Kropf (Schilddrüsenvergrößerung aus Jodmangel) sehr häufig war, wird bei uns das Speisesalz jodiert. Durch gesalzene Speisen und durch die wöchentliche Fischportion wird Ihr Kind ausreichend mit Jod versorgt. In Deutschland und der Schweiz ist darauf zu achten, jodiertes Speisesalz zu verwenden.

Abwechselnd mit den täglichen Eier- oder Fleischgerichten soll daher mind. **1-mal pro Woche eine handteller- bis handflächengroße Portion** Fisch auf den Tisch kommen. Also gilt:

Alter des Kindes	1 Jahr	2 – 3 Jahre	4 – 6 Jahre
Fisch	25 g/Woche	35 g/Woche	50 g/Woche

Neben Jodsalz ist Meeresfisch die wichtigste Quelle für Jod in unserer Nahrung.

Daher soll schon ab dem 2. Lebensjahr Seelachs, Kabeljau, Schellfisch oder Scholleserviert werden. Auch ein Süßwasserfisch (Forelle, Saibling, Hecht, Karpfen) ist geeignet.

Vereinzelte Studien zeigen, dass Kinder mit erhöhtem Allergierisiko bis zum Ende des 2. Lebensjahres noch keinen Meeresfisch erhalten sollen. Entgrätete Süßwasserfische können jedoch bereits gegeben werden.

Neuere Studien sehen in der frühen Gabe von Meeresfisch allerdings keine Gefahr, sodass es der Entscheidung der Eltern überlassen bleibt, ab wann Fisch angeboten wird.

***Achtung:** Roher Fisch (Sushi) ist für Kleinkinder nicht geeignet! Er kann Listerien enthalten.*

Beachten Sie bei der Gabe von Fisch alle Sicherheitsmaßnahmen hinsichtlich der **Gräten!** Oft ist es die Angst vor Gräten, die Eltern davor zurückschrecken lässt, ihren Kindern Fisch anzubieten. Speziell bei Filets vom Seelachs, Rotbarsch oder Kabeljau lassen sich die Gräten jedoch sehr gut durch **Abtasten des rohen Fisches erkennen und (evtl. unter Zuhilfenahme einer speziell dafür vorgesehenen Pinzette) entfernen.** Zerteilen Sie das Fischfilet in mundgerechte Würfel. Ihr Kind soll – wie bei allen Speisen – gut kauen. Lassen Sie beim Essen ausreichend Zeit dazu!
Achten Sie beim Einkauf von Fisch auf das MSC-Siegel. Es signalisiert nachhaltigen Fischfang (www.msc.org).

Mein Kind mag nur Fischstäbchen ...

Fischstäbchen sind deshalb so beliebt, weil sich der Fisch darin gut „versteckt" und vielen Kindern der Geschmack so am liebsten ist. Wenn Kinder gerne Fischstäbchen essen, sollten Sie diese im Haushalt nicht in Fett braten, sondern im Backrohr auf einem mit Backpapier belegten Backblech erhitzen, damit die Brösel (das Paniermehl) der Panade nicht noch zusätzlich Fett aufnehmen!
Dadurch machen Sie auch industriell gefertigte Fischstäbchen zu einer akzeptablen Variante, Fisch in den Wochenspeiseplan einzubinden. Rechnen Sie aber mit einer Zubereitungszeit von 20 bis 30 Minuten!

Als Alternative zu Fischstäbchen bieten sich mild geräuchertes Forellenfilet oder eines der Rezepte, z. B. der „Fischburger" aus unserem Buch *„Pfiffige Rezepte für kleine und große Leute"* (☞ weiterführende Literatur), an. Außerdem lässt sich Fisch in Fischaufstrichen optisch gut verbergen.

Bei häufigem Fischstäbchenkonsum soll auf andere Speisen mit Panade (gebackenes Gemüse, Backhenderl / -hähnchen, Schnitzel) möglichst verzichtet werden! Insgesamt sollen diese bzw. Fischstäbchen nur einmal pro Woche auf dem Speiseplan stehen.

Die Vorbildwirkung der Eltern spielt eine große Rolle für die Akzeptanz von Fisch. Sind Frischfische bzw. tiefgekühlte Fischfilets auf dem Familientisch eine Selbstverständlichkeit, kann es beim ersten Fischstäbchen auch zu der Frage *„Wo ist denn der Schwanz vom Fisch?"* kommen.

Sind Meeresfische stark mit Schadstoffen belastet?

Die Zeiten, als die Meere noch rein und unverschmutzt waren, sind schon lange vorbei. Doch trotz der Rückstände an Schwermetallen stellt Fisch eines der wertvollsten Lebensmittel dar.

Fettreiche Seefische (Thunfisch, Heilbutt) sind auf Grund ihres Fettgehaltes stärker mit Schadstoffen belastet als die fettarme Scholle.
Andererseits enthalten gerade diese Fische mehr an wertvollen **Fischölen.** Fischöle sind sehr hochwertige Fettbestandteile, die vor Herzinfarkt in späteren Jahren schützen. So ist Herzinfarkt bei den Eskimos eine äußerst seltene Todesursache, während sie in Europa an erster Stelle steht.

Wählen Sie Fisch in Salzwasser statt in Öl, wenn Sie Dosen verwenden wollen! Ein Teil der Schadstoffe bleibt damit in der Flüssigkeit statt im Fisch. Nehmen Sie nicht ausschließlich Dosenfisch für die Ernährung Ihres Kindes, sondern greifen Sie auch zu Tiefkühl- und Frischfisch.
Insgesamt überwiegen die Vorteile von Fisch, er soll wöchentlich 1-mal auf den Tisch kommen. Da die Schadstoffbelastung mit dem Herkunftsgebiet zusammenhängt, ist es sinnvoll, die Sorten manchmal abzuwechseln.
Seelachs im Gemüsebett, Fisch-Sugo (Sauce) zu jeder Art von Teigwaren und Kabeljau im Fischburger lassen sich mit geräucherter heimischer Forelle als Brotbelag oder mit einem Stück vom Hecht abwechseln.

Darf mein Kind schon Partybrötchen mit Meeresfrüchten essen?

Partybrötchen sind nicht die Idealnahrung für Ihr Kind. Die Qualität gekaufter Partybrötchen kann sehr unterschiedlich sein. Wenn die Brötchen nicht mehr ganz frisch sind, kann es zu hygienischen Problemen kommen.

Shrimps und Muscheln weisen nicht nur große Mengen Cholesterin auf, sondern sind auch häufig Auslöser von Lebensmittelvergiftungen und Allergien. **Falscher Lachs und Kaviar** werden mit hohen Mengen an Farbzusatz hergestellt und sind außerdem zu stark gesalzen, um als Kinderkost geeignet zu sein.
Halten Sie sich auf Partys bei der Auswahl an Brötchen für Ihr Kind daher eher an solche mit Aufstrichen aus Topfen (Quark).

KURZ

- *Pro Woche 1 – 2 handflächengroße Portionen Fisch!*
- *Auswahl: Süßwasserfisch und Meeresfisch, Tiefkühlfisch bzw. Fischstäbchen*
- *Achtung: Gräten entfernen! Rohen Fisch & Meeresfrüchte vermeiden!*

Eier – wertvoll, aber selten

Eier zählen zu den hochwertigen, eiweißreichen Lebensmitteln. Sie enthalten viele wichtige Mineralstoffe und fettlösliche Vitamine. Im Dotter befinden sich auch größere Mengen an Cholesterin, das als Bausubstanz für Zellwände im Wachstum von Bedeutung ist, aber bei manchen Kindern zu erhöhten Blutfettwerten führen kann. Deshalb sollen Eier nur in Maßen gegessen werden. Es empfiehlt sich, dass Eier (abwechselnd mit Fleisch und Fisch) nur eine Portion pro Woche ausmachen (☞ 6–5–4–3–2–1-Regel).
Somit wird wöchentlich nur ein Eiergericht (weiches Ei, Spiegelei, Eierspeise / Rührei) empfohlen. Beachten Sie vor allem, dass Eier auch in Kuchen, Keksen und Backwaren, in Aufläufen, Knödeln (Klöße) und Eierteigwaren sowie in Mayonnaise und anderen Saucen enthalten sind.

Alter des Kindes	1 Jahr	2 – 3 Jahre	4 – 6 Jahre
Eier	1 – 2 Stk./Woche	1 – 2 Stk./Woche	2 Stk./Woche

Was muss ich beim Einkauf von Eiern beachten?

Seit 2004 sind neue EU-Kennzeichnungsvorschriften für Hühnereier in Kraft. Sie geben Auskunft über die Haltungsform der Legehennen, das Erzeugerland sowie den Erzeugerbetrieb.
In den meisten Fällen wird dies in Form eines Codes auf das Ei selbst gestempelt. Die erste Ziffer entschlüsselt die Haltungsform:

0 ... aus biologischem Landbau
1 ... aus Freilandhaltung
2 ... aus Bodenhaltung
3 ... aus Käfighaltung

Die darauffolgenden zwei Buchstaben kodieren das Land (AT für Österreich, DE für Deutschland). Darauf folgt die Betriebsnummer des Legebetriebes.

Zusätzlich ist auf jedem einzelnen Ei meist auch noch das Mindesthaltbarkeitsdatum angegeben.

Wie kann ich bei Speisen aus Eiern Salmonellen vermeiden?

Immer wieder taucht im Zusammenhang mit Eiern die Frage nach der Gefährdung durch Salmonellen auf. Diese Bakterien hat man früher nur auf der Eischale vermutet. Sie können aber die Eierstöcke der Hühner befallen und in der Folge innerhalb der rohen Eier zu finden sein. Sie überleben dann an der Grenze zwischen Eigelb und Eiklar.

Ob nun ein Ei viel, wenig oder gar keine Salmonellen enthält, können Sie weder sehen, noch riechen. Daher sollten Sie zum Schutz Ihres Kindes folgende Hinweise beachten:

• **Kaufen Sie Eier möglichst nach Bedarf,** sodass diese nicht lange im Kühlschrank lagern!

• **Salmonellen werden bei 70 °C abgetötet.** Beachten Sie, dass Speisen mit Eiern (Aufläufe, Pizzen mit Ei drauf) ausreichend erhitzt werden!

• **Braten Sie Spiegeleier von beiden Seiten** (oder mit Deckel) und achten Sie darauf, dass das Eiklar immer gestockt ist!

• **Vermeiden Sie Speisen, die rohe Eier enthalten** (z. B. Cremen, Tiramisu, Mayonnaise) und lassen Sie kleine Kinder nicht von rohem, eihaltigem Kuchenteig kosten!

• Selbst in **über Dampf geschlagenen** Cremen und Saucen werden Salmonellen nicht abgetötet. **Verzichten** Sie in der Kinderkost darauf!

• Verwenden Sie **Wischtücher,** die mit rohen Eiern oder Geflügelsaft in Verbindung kamen, nicht weiter! Diese gehören **bei über 70 °C gewaschen**.

Geben Sie bei Spiegeleiern darauf Acht, diese von beiden Seiten anzubraten. Beim weichen Ei muss das Ei mind. 4 Minuten gekocht werden, damit das gesamte Eiklar gestockt und höchstens der Dotter „kernweich“ ist. Erst dann haben Salmonellen keine Chance.

• Stellen Sie abgespülte **Schneidbretter,** auf denen sich Salmonellen befinden können, **möglichst zusätzlich in den Geschirrspüler.** Dadurch wird eine ausreichende Erhitzung gewährleistet.

Wie erkenne ich Lebensmittelvergiftungen?

Auch bei Kindern hört man immer wieder von Lebensmittelvergiftungen. Sie äußern sich durch Erbrechen, Durchfall und Kopfschmerzen und treten nach Mahlzeiten auf.
Die häufigsten Lebensmittelvergiftungen werden durch 3 Bakterien hervorgerufen: Campylobacter, Staphylococcus aureus und Salmonellen. Letztere sind zwar die bekanntesten, aber nicht die häufigsten Verursacher von Erkrankungen. Im Folgenden ein kurzer Steckbrief der Erreger.

Campylobacter

Sie sind die häufigsten Auslöser für Lebensmittelvergiftungen.

Wegen der Ansteckungsgefahr besteht nicht nur Meldepflicht, sondern auch ein Verbot, den Kindergarten / die Kita zu besuchen. Von der Aufnahme des verdorbenen Lebensmittels bis zum Ausbruch der Krankheit dauert es 2 – 7 Tage. Symptome sind blutig-schleimiger Durchfall, Erbrechen, Fieber, Magendarmkräpfe, Kopfschmerzen und Schlaflosigkeit. Oft sind (halb)rohes Fleisch oder Geflügel bzw. Rohmilch die Ursache. Die Erkrankungsdauer beträgt etwa 7 Tage. Gehen Sie zur Ärztin!

Staphylococcus aureus

Bei dieser Lebensmittelvergiftung reagiert der Körper auf die Giftstoffe, die das Bakterium bildet. Dieses gelangt durch Übertragung bei Entzündungen an Händen, Schleimhäuten und Rachen vor dem Verzehr auf die Speisen. Der Körper reagiert darauf nach 1 – 7 Stunden mit Erbrechen, Kollaps oder Schock bzw. Durchfall für die Dauer von 1 – 2 Tagen. Gehen Sie zur Ärztin!

Salmonellen

Nach dem Verzehr von (halb)rohen Lebensmitteln oder Eiergerichten (Saucen, Mayonnaise) dauert es 1 – 7 Stunden bis Erbrechen, Schüttelfrost bzw. fieberhafte Darmentzündungen auftreten. Die Erkrankung kann 1 – 2 Wochen dauern. Gehen Sie zur Ärztin!

KURZ

- *Pro Woche 1 – 2 Portionen (Stück) Eier!*
- *Insgesamt: Eierspeisen & eierhältigen Speisen (Kuchen, Auflauf, Süßes)*
- *Achtung: Ausreichend erhitzen wegen Salmonellengefahr!*

Nüsse, Öle, Streichfette – wenig, aber von guter Qualität

Für Ihr Kind spielen Fette und Fettlieferanten vor allem als Energieträger eine wichtige Rolle. Extremes Einsparen von Fett ist also nicht angesagt, übermäßiges Anreichern allerdings auch nicht! Die Mengen an Fett, die Ihr Kind benötigt, sind nicht sehr groß, denn Fett ist der kompakteste, dichteste Energieträger, der uns zur Verfügung steht. Es enthält etwa doppelt so viel Energie wie Stärke oder Eiweiß. Daher reicht je nach Alter eine Portion von insgesamt 3, 4 bzw. 5 TL à 5 g täglich, um das Kind ausreichend zu versorgen.

Alter des Kindes	1 Jahr	2 – 3 Jahre	4 – 6 Jahre
Nüsse, Öle, Fette	15 g/Tag	20 g/Tag	25 g/Tag

Nahrungsfette können entweder aus pflanzlichen (aus Ölen, Nüssen, Keimen etc.) oder aus tierischen Lebensmitteln (aus Speck, Butter etc.) stammen.
Pflanzliche Öle, Nüsse und Samen enthalten spezielle Fettbestandteile, die der Körper als Bausubstanz für die Zellen und als Botenstoffe im Stoffwechsel benötigt.
Diese sogenannten „essentiellen Fettsäuren" (z. B. Linolsäure) sind vor allem für Kinder im Wachstum ein wichtiger Teil der Nahrung. Sie sind in tierischen Fetten (☞ Butter) in viel geringerem Umfang enthalten.

Daher sollte mind. 1/3 der täglichen Fettmenge aus pflanzlicher Quelle kommen – das bedeutet pro Tag ca. 1 – 2 TL Pflanzenöl oder ca. 2 – 3 TL Nüsse, Mandeln bzw. Samen!

Gemeinsam mit dem Fett werden **fettlösliche Vitamine und Aromastoffe** aufgenommen. Fettlösliche Vitamine (Vitamin A, E, D und K) spielen eine wichtige Rolle für die Sehkraft, als Krebsschutzstoff, beim Aufbau der Knochen und als Blutgerinnungsfaktor.
Speisen, die mit etwas Fett zubereitet werden, schmecken oft intensiver, denn viele geschmacksgebende Stoffe in den Lebensmitteln sind fettlöslich. Doch in der traditionellen Ernährung, der Hausmannskost, wird gern etwas zu viel des Guten getan. Frittiertes, Paniertes und Herausgebackenes liefern mehr Energie, als benötigt wird.
Größere Mengen an Fett verstecken sich auch in vielen fertig zubereiteten Nahrungsmitteln (Kuchen, Schokolade, Keksen, Saucen, Fertiggerichten, Knabbergebäck).

Ist fettreich Zubereitetes mehrmals wöchentlich auf dem Speiseplan, kann es – auch im Kindesalter – zu Übergewicht kommen.
Die aufgenommene Fettmenge in frittierten Speisen hängt von der Oberfläche des Lebensmittels ab – z. B. nehmen klein zerteilte Lebensmittel mehr Fett auf als ganze. Panierte Lebensmittel (Fischstäbchen, Wiener Schnitzel, Backhenderl (-hähnchen) oder paniertes Gemüse) nehmen mehr Fett auf als unpanierte.
So kommt es, dass hauchdünne **Kartoffelchips** einen Fettgehalt von etwa 33 % aufweisen, während gekochte oder in Folie gebackene Erdäpfel (Kartoffeln) praktisch fettfrei sind. Die bei Kindern so beliebten Pommes frites enthalten etwa 15 % Fett – wobei dieser Wert nur erreicht wird, wenn die Pommes frites in das schon erhitzte Fett gelegt werden, sodass sich die Poren der Kartoffeln schnell schließen können und „wenig" Fett aufnehmen.

Frittierte oder in Fett herausgebackene Speisen sollen Kinder daher max. einmal pro Woche essen. Ziehen Sie in Folie oder im Rohr (Ofen) Gebackenes, Gegrilltes bzw. in wenig Fett nur kurz Angebratenes vor! Lassen Sie in Öl frittierte Speisen auf einem Gitter oder auf Papier abtropfen, sodass der Fettanteil geringer wird!

Nüsse liefern wertvolle Vitamine und Mineralstoffe (Magnesium, Kalium, Eisen), aber sie sind eine der häufigsten Ursachen für Unfälle durch Verschlucken bei Kleinkindern. Achten Sie deshalb immer darauf, dass die Nüsse fein vermahlen oder dass die Kinder beim Essen der Nüsse gut beaufsichtigt sind!

Achtung Allergie!
Von Nüssen ist bekannt, dass sie häufig Allergien auslösen. Eine nussfreie Ernährung wurde von manchen Allergieexperten im 2. Lebensjahr für sinnvoll erachtet. Da Allergien speziell auf Haselnuss (Kreuzreaktionen mit rohem Apfel und Birkenpollen) und Erdnuss häufig anzutreffen sind, sollen diese bei Kindern mit hohem Allergierisiko – meines Erachtens – auch im 2. Lebensjahr noch vermieden werden.
Hier ist besonders tückisch, dass in fast allen Schokoladesorten kleine Mengen an Nüssen beigemengt sein können.
Ab 2 % muss der Zusatz lt. Allergenkennzeichnung deklariert sein, ansonsten steht auf dem Etikett, dass sie Spuren von Nüssen enthalten können.

Was ist besser – Butter oder Margarine?

Vielfach fragen Mütter, ob sie ihren Kindern lieber Butter oder Margarine auf das Brot streichen sollen. In Bezug auf die Fettmenge macht dies keinen

Unterschied, denn sowohl Butter als auch Margarine bestehen zu etwa 80 % aus Fett – der Rest ist hauptsächlich Wasser. Beide enthalten fettlösliche Vitamine.
Wichtig ist, dass die Menge beider Streichfette immer im angegebenen Rahmen bleibt – also **nicht mehr als 1 – 2 TL pro Tag ausmacht!**

Butter ist teurer, aber das natürlichere Produkt, weshalb ich persönlich sie vorziehe. Butter ist, wie jedes Milchfett, besonders leicht verdaulich, enthält aber keine großen Mengen an essentiellen Fettsäuren und muss in der Ernährung durch Pflanzenöl und Nüsse ergänzt werden. Vielfach wird die Wahl von Butter als Streichfett auf Grund des typischen Geschmacks getroffen.

Margarine wurde in Kriegszeiten als preisgünstiger Butterersatz entwickelt. Sie enthält zumeist Milchpulver und besteht hauptsächlich aus pflanzlichen Fetten, die zum Teil gehärtet werden. Dabei entstehen größere Mengen gesundheitlich bedenklicher **Transfettsäuren.**
Auch in Butter sind Transfettsäuren enthalten – allerdings geringere Mengen. Bei Margarine gibt es große Unterschiede zwischen den einzelnen Sorten und Marken.

Für Kuhmilchallergiker gibt es milchfreie Sorten, für Übergewichtige sogenannte „Minarinen“ / Halbfettmargarinen / Diätmargarinen, die ich aber in der Kinderernährung nicht empfehle.

Noch ein Hinweis zu Nüssen:
Bittermandeln enthalten eine Blausäureverbindung, die für Kinder hochgiftig ist. Im Handel sind nur Süßmandeln erhältlich, vereinzelt sind darin jedoch etwas bitterere Mandeln enthalten. Diese sind meist an einer dunkleren Farbe und an der flacheren, größeren Form erkennbar. Kinder spucken diese Mandeln normalerweise sofort wegen des bitteren Geschmacks aus. Sie sollten den Mund danach immer zur Reinigung mit Wasser spülen!

Doch bieten sie meist mehr „essentielle Fettsäuren“, sodass Sie „Diätmargarine“ für die Ernährung Ihres Kindes vorziehen sollten, wenn Sie Margarine verwenden wollen.

Kann ich kaltgepresste Öle verwenden?

Ja! Kaltgepresste Öle enthalten neben essentiellen Fettsäuren besonders viele fettlösliche Vitamine. Ab dem Kleinkindalter sollen Sie deshalb kaltgepresste Öle für Salat- und Rohkost verwenden.

Zum Anbraten eignen sie sich allerdings weniger, da sie auf Grund der Reste an Ölfrucht (Oliven, Sonnenblu-

Noch ein Tipp:
Als Alternative zum Salatöl können Sie bei Rohkost auch gehackte Nüsse bzw. Sonnenblumenkerne und Zitronensaft oder Joghurt verwenden.

menkernen) beim Erhitzen rasch zu rauchen beginnen. Dabei bilden sich krebserregende Stoffe.

Sind Haselnüsse, Kürbiskerne oder Kokosflocken besser?

Nüsse beinhalten je nach Sorte 50 – 75 % hochwertiges pflanzliches Fett, daher können sie zur Ölerzeugung genutzt werden. Dementsprechend kann **1 EL Öl (10 g) in etwa durch 1 – 2 EL Nüsse oder Samen (15 – 20 g) ersetzt werden.** Außerdem bieten sie dem Körper wichtiges Vitamin E.

Kürbiskerne und Kokosflocken weisen eine Besonderheit auf. In Kürbiskernen versteckt sich das wichtige Spurenelement **Chrom,** das im Zuckerstoffwechsel eine Rolle spielt.
In der Kokosnuss ist sehr viel **Selen,** ein Spurenelement, das in der richtigen Menge ein wirksamer Schutzstoff gegen Krebs und Herzinfarkt ist. Der österreichische Boden ist selenarm und somit enthalten heimische (wie die meisten anderen europäischen) Lebensmittel zu wenig Selen.

Pro Woche reichen 1 – 3 TL Kokosflocken im Joghurt, Müsli, Dessert oder ca. eine Scheibe Kokoskuchen, um Ihr Kind ausreichend mit Selen zu versorgen. Das aus Kokosnuss gewonnene Fett ist fester als Butter, weil es weniger essentielle Fettsäuren enthält. **Daher sind 2 TL Kokosflocken wie 1 TL ☞ Butter oder Margarine zu rechnen.**

Welches Fett ist zum Anbraten geeignet?

Früher wurde zum Anbraten und Herausbacken hauptsächlich Schweineschmalz verwendet. Für kurzes Anbraten soll jedoch besser ein gereinigtes, warmgepresstes Öl (z. B. Rapsöl) verwendet werden, da es noch hochwertige Fettsäuren enthält.
Soll höher erhitzt werden (beim Frittieren oder Herausbacken), so ist ein spezielles Frittieröl, Erdnussöl oder Kokosfett zu verwenden.
Unter den pflanzlichen Fettlieferanten bildet Kokosfett eine Ausnahme. Es ist fest und kann hoch erhitzt werden. Im Gegensatz zu anderen pflanzlichen Fetten ist es jedoch keine gute Quelle für essentielle Fettsäuren.

Kann ich für mein Kind Kernöl verwenden?

In Österreich ist Öl aus Kürbiskernen eine Spezialität. Manche Kinder lehnen das Öl auf Grund der dunkelgrünen Farbe und des Geschmackes ab, andere essen Salat nur mit Kernöl. Für Kleinkinder kann man Kernöl prinzipiell wie jedes andere, hochwertige Salatöl in Maßen verwenden. Es eignet sich jedoch nicht zum Erhitzen und hinterlässt ziemliche Flecken, die nur zu entfernen sind, wenn man die Kleidungsstücke – ohne vorher zu waschen – in die Sonne legt.

Sind Mohnkuchen und Hanfbrot unbedenklich?

Mohn- und Hanfsamen selbst verfügen nicht über Inhaltsstoffe, die Rauschzustände hervorrufen können. In den Mohnkapseln und in den Hüllblättern des Hanfsamens sind jedoch Rauschsubstanzen enthalten, die bei der Ernte in Spuren auch auf die Samen gelangen können. Die Mengen können sehr unterschiedlich sein!

Bei Hanfprodukten ist bisher nicht geklärt, wie viel davon in handelsüblichen Hanfsamen oder in Hanföl enthalten ist. Daher sollen Hanfschokolade, Hanfbrot oder Hanf-Lollis eher selten und **„in den für Kinder üblichen Mengen“**, also im Rahmen der empfohlenen Mengen für Süßes, verwendet werden.

Im Gegensatz zu Hanf, der erst seit Kurzem auf Grund neuer Züchtungen als Lebensmittel verwendet wird, hat der Gebrauch von Mohn in der österreichischen Küche schon lange Tradition. Mohnweckerln (-brötchen), Mohnnudeln und -kuchen sind vor allem aus der Waldviertler Küche nicht wegzudenken und enthalten außerdem sehr viel Eisen.

Um eine therapeutische Dosis an Morphium zu erreichen, müsste ein 4- bis 6-jähriges Kind mit einem Körpergewicht von 19 kg etwa 3 EL (30 g) an Mohnsamen – mit durchschnittlichem Opiatgehalt, der ja je nach Ernte und Sorte unterschiedlich sein kann – zu sich nehmen.

Zum Vergleich: Eine Portion Mohnnudeln laut unserem pfiffigen Rezeptbuch enthält 2,5 g, ein Mohnweckerl (Mohnbrötchen) 2 – 5 g und ein Stück Mohnkuchen (mit einem Gewicht von 50 g) je nach Rezeptur zwischen 5 und 30 g Mohn.

Die Mengen auf Mohngebäck oder in Mohnnudeln sind daher unbedenklich, während es bei Mohnkuchen sehr wohl auf die Rezeptur und die Portionsgröße ankommt.

Ab und zu eine Scheibe Mohnkuchen in einer gemischten Kost kann bei Kindern durchaus akzeptiert werden. Vermeiden Sie jedoch Tageshäufungen, wie Mohnnudeln und Mohnkuchen am selben Tag!

KURZ

- ***Täglich 2 kleine Portionen Fette & Öle zu je ca. einem Esslöffel!***
- ***Auswahl: Pflanzenöl, Butter, Margarine, Nüsse, Samen***
- ***Achtung: Mohnmenge einschränken!***

Sparsam: Süßigkeiten und Knabbereien

Auch im 2. Lebensjahr können und sollen zuckerhaltiger „Kindertee“, Schleckereien und süße Fertigprodukte möglichst vermieden werden.
Doch Süßigkeiten und Zucker sind aus der Ernährung von Kindern auf Dauer nicht gänzlich wegzudenken, da Süßigkeiten als Mitbringsel bzw. im Kindergarten sehr gefragt sind und fast alle Kinder Süßes gern mögen.
Desserts, Fruchtjoghurts, Getränke und Backwaren sind nicht nur (extrem) mit Zucker gesüßt, sondern locken auch noch mit bunten Verpackungen und lustigen **Beigaben.**
Kleinere Kinder fühlen sich hauptsächlich davon angezogen und sind am Auspacken und an den Aufklebern und Sammelspielzeugen oft mehr interessiert als am süßen Inhalt. So kann das Aufreißen von Eispackungen attraktiver sein, als die kühlen Köstlichkeiten tatsächlich zu verzehren. Schokolinsen mit buntem Zuckerguss und Gummibärchen sind vorrangig als Spielzeug interessant, weil sich daraus so schön Reihen, Gruppen, Muster, Bilder und Tortendekorationen formen lassen. Ab und zu verschwindet dann natürlich auch ein Stück im Mund, aber das soll nicht überbewertet werden.

Die maximale tägliche Menge an Süßigkeiten oder an fettreichen Knabbereien soll ca. in eine Kinderhand passen. Dies ist ein praktisches Augenmaß. Das kann auch ein Glas gesüßter ☞ Getränke bedeuten. Anhand der geduldeten Kalorien sieht man, dass Süßes (inklusive Getränke) und Knabbereien maximal 10 % der Tagesenergiemenge ausmachen sollen (Vergleiche Seite 17).

Alter des Kindes	1 Jahr	2 – 3 Jahre	4 – 6 Jahre
Geduldete Lebensmittel	85 kcal/Tag	95 kcal/Tag	125 kcal/Tag

Die **„geduldete“ Tagesmenge** – bei Kuchen und bei Süßigkeiten kann man wohl nicht von „empfohlener Menge“ sprechen – entspricht im Alter von 3 – 4 Jahren ca. 100 kcal, laut Forschungsinstitut für Kinderernährung, Dortmund umgerechnet etwa einer Kugel Eiscreme, 45 g Scheibe Obstkuchen bzw. 4 Stück Butterkeksen.
Stattdessen könnten Sie auch wahlweise 4 EL Flakes oder 30 g Gummibärchen erlauben – möglichst BIO-Gummibärchen, die sind zwar teurer, aber auf natürliche Weise gefärbt.
Diese Zuckermenge verbirgt sich aber auch in 200 ml Limonade und häufig auch schon im Kakaogetränk (3-4 TL Instantpulver) oder in anderen gesüßten

Getränken. Der süße Kindertee, wie er leider in manchen Kindergärten noch immer serviert wird, deckt meist schon die gesamte Tagesmenge an Süßem – inkl. Süßigkeiten! – ab.
Daher ist dies auf jeden Fall eine Diskussion mit den Verantwortlichen wert!
Vielleicht lässt sich durch Ihre Bitte das Angebot zumindest auf Teekrüge mit unterschiedlichen Süßmengen und auf einen (evtl. von Ihnen zur Verfügung gestellten) bunten Krug mit Wasser erweitern.

Konfekt und Backwaren (z. B. Tiramisu, Punschkrapfen) enthalten Alkohol und sind als Süßspeisen für Kinder keinesfalls geeignet!

Die **Vorbildwirkung der Eltern** spielt in Sachen Süßes eine große Rolle. Lieben die Eltern Süßes offensichtlich, weiß der Nachwuchs schon bald, dass er nur lange genug bitten muss, um an die süßen Reserven zu kommen. Kinder haben oft ein allzu gutes Gedächtnis dafür, was tags zuvor im Einkaufskorb gelandet ist!
Viele Eltern haben Bedenken, wenn sie den Konsum von Süßigkeiten zulassen. Da sie trotzdem nicht umhinkönnen, Süßes zu erlauben, belasten die Gewissensbisse nur die emotionale Situation. Trennen Sie sich von der Vorstellung, dass es sich dabei um „schädliche" Lebensmittel handelt! **Es gibt kein Lebensmittel, das für sich genommen nur gut oder nur schlecht wäre.** Im Wesentlichen kommt es immer darauf an, welche Mengen im Durchschnitt gegessen werden und wie die Nahrungspalette des gesamten Tages zusammengesetzt ist. Sie punkten auf jeden Fall mit einem bewusst ausgewählten Angebot.
Strikte Verbote von Süßem sind in der Regel **wenig sinnvoll,** weil sie Kinder umso mehr dazu veranlassen, nach Süßem zu verlangen. Aus psychologischer Sicht ist es auch wenig empfehlenswert, jeden süßigkeitsfreien Tag zu belohnen, weil dadurch Süßigkeiten einen hohen Wert und eine übergroße Aufmerksamkeit bekommen.

Die Menge an Süßigkeiten soll auf ein vernünftiges Maß eingeschränkt werden, damit Karies und Übergewicht nicht Vorschub geleistet wird. Am besten ist es, man betrachtet auch **Zucker** im Haushalt **als Gewürz** und setzt ihn dementsprechend sparsam ein.
Wenn in den ersten Lebensjahren nur wenig gesüßt wird, ist dies zumindest für die Milchzähne ein guter Schutz und die Prägung auf allzu süßen Geschmack kann vermieden werden.

Wie kann ich die Zähne meines Kindes schonen?

Häufig **süße Getränke** und ununterbrochenes **Bonbonlutschen** richten an den Zähnen den **größten Schaden** an, weil so die Verweildauer von Zucker im Mund lang ist. Die Statistiken zeigen, dass die unerwünschten Folgen nicht auf sich warten lassen. Etwa 50 % der Dreijährigen und 90 % der österreichischen Schulanfänger haben bereits Karies! Dabei ließen sich die Schmerzen bei der Zahnärztin bei fast allen Kindern bis nach der Volksschulzeit vermeiden. Beschränken Sie **Süßes** daher möglichst auf Desserts **nach einer Mahlzeit**, da Süßigkeiten – zwischendurch gereicht – für die Zähne die größere Gefahr darstellen. Allerdings ist eine zeitlich begrenzte, süße Zwischenmahlzeit **mit nachfolgender Zahnhygiene** deutlich zahnschonender als laufender Genuss von Zuckerln (Bonbons) oder Gummibärchen.

Die richtige Zahnpflege ist für Süßspechte besonders wichtig! Morgens sollen die Zähne vor oder noch besser nach dem Frühstück mit einer weichen Kinderzahnbürste geputzt werden.

Noch wesentlicher ist die gründliche Reinigung abends – ca. 1/2 Stunde nach dem Abendessen, da diese den Zahnschutz für die ganze Nacht bewirkt. Während des Tages sollten Sie den Mund nach jeder Mahlzeit mit Wasser ausspülen lassen.

Stattdessen kann auch 1/2 Stunde nach dem Verzehr von Süßem 5 – 10 Min. (nicht kürzer und nicht länger!) mit einem möglichst zuckerfreien Kaugummi die Speichelproduktion und somit die Zahnreinigung angeregt werden. Diese Variante ist vor allem in der Zeit des „Selber-Zähne-putzen-Lernens“ eine wertvolle Ergänzung.

Sind spezielle Süßigkeiten für Kinder gesund?

Eine Studie des Institutes für angewandte Verbraucherforschung in Köln zeigt, dass etwa 35 % der Käufer von Kinderlebensmitteln glauben, dass Sie Ihren Kinder damit etwas besonders Gutes tun. Kinder brauchen generell keine „Extra-Lebensmittel“ für ihre Gesundheit! **Trotz aller Gesundheitsbeteuerungen der Hersteller versteckt sich hinter diesen Werbeversprechungen nur etwas Süßes.**

Müsliriegel „mit Honig“ sind und bleiben eine Süßigkeit, Limonaden mit „Vitamin C“ sind trotz Vitamin-Anreicherung nicht mit Fruchtsäften vergleichbar. Kindermilchschokolade, weiße Schokolade oder Milchspeiseeis liefern nur eine kleine Menge an Calcium und sind als einzige Calciumquelle nicht ausreichend.

Zwar sind in 100 g Schokolade für Kinder so viel Eiweiß und Calcium wie in 1/3 l Milch enthalten, aber gleichzeitig liefern sie 3-mal (!!!) mehr Energie als die Milchportion „natur“, weil sie viel Kakaobutter und Zucker enthalten. Im Vergleich zu anderen Schokoladearten schneidet Kinderschokolade besser ab. Aber Schokolade wird nicht automatisch deshalb ein „gesundes“ Produkt, weil besonders viel Milch „hineingezwängt“ wird!

Die Extraportion Milch in der vielbeschworenen „Schnitte mit der Milch“ für Kinder beschränkt sich auf ca. 1 EL Milch (!!!). Dies täuscht viele darüber hinweg, dass es sich dabei eindeutig nur um eine Süßigkeit und weder um eine Brotschnitte noch um eine empfehlenswerte Milchration handelt. Hier wird hauptsächlich mit der Erwartung der Eltern und Großeltern ein gutes Geschäft gemacht, die glauben, wo *„Kind draufsteht, muss was G´sundes für die Kleinen drin sein“.*

Was soll ich tun, mein Kind hat immer Heißhunger auf Süßes?

Fehlt Ihrem Kind die gleichmäßige Energie aus hochwertigen Getreideprodukten, kann es sehr schnell in ein „Energieloch“ fallen. Als „Notreaktion“ entwickelt der Körper Heißhunger auf Süßigkeiten. In diesem Fall sollten Sie **bei allen 3 Hauptmahlzeiten und bei einer der 2 Zwischenmahlzeiten verstärkt auf den Anteil an Kartoffeln, Getreide oder -produkten zu achten!**

Stärke aus Getreideprodukten ist unser wichtigster Energielieferant. Sie wird im Darm nur langsam in ihre Bausteine (Traubenzucker) zerlegt. Schon beim gründlichen Kauen beginnt die Aufspaltung im Mund. Wer ein Stück Brot länger kaut, bemerkt dies rasch.
Stärkereiche Nahrung hält den Blutzuckerspiegel relativ konstant, da Stärke nur allmählich in die Blutbahn gelangt. **Getreidegerichte halten also länger satt als Zucker und Süßigkeiten und sind „stärkend“,** während Süßes plötzlich Energie liefert und dann zu einem niedrigen Blutzuckerspiegel führt, der Heißhunger auf weitere Süßigkeiten bewirkt. Ein Trick, Süßes bei allzu großen Schleckermäulern in Grenzen zu halten, ist die Festlegung von Wochenrationen, die sich das Kind frei einteilen kann. Doch soll bei all diesen festgelegten „Regeln“ nicht vergessen werden, dass Kinder oft **schubweise viel mehr Energie für Wachstum und Bewegung** brauchen und dann ein paar Tage lang instinktiv gerne zu Süßem – ja manchmal sogar zu Zucker pur – greifen.
Versuchen Sie zu erspüren, ob es sich um einen wirklichen Bedarf oder bereits um eine schlechte Essgewohnheit handelt, bevor Sie allzu einschränkende Maßnahmen setzen.

Mein Kind sammelte Zuckerwürfel ...

Zum Thema *Instinkte der Kinder* kam ich letztlich mit einer Mutter ins Gespräch, die ihrem Kind dahingehend volles Vertrauen entgegenbringt.
Sie berichtete über eine ungewöhnliche Situation im Urlaub, als ihre kleine Tochter plötzlich begann, die Zuckerwürfel im Strandcafe zu sammeln und zu verspeisen. Die Mutter nahm das gelassen, während so manche gesundheitsbewusste Strandnachbarin dem Vorgang mit einigem Befremden und missmutigen Äußerungen folgte.
Nach 2 Tagen war die Zuckerphase allerdings wieder vorbei, die Tochter hatte den Klimawechsel erfolgreich weggesteckt und schwimmen gelernt. Instinktiv hatte sie sich dazu mit extremen Energiereserven versorgt.

Welche sind die wichtigsten Zuckerarten?

Viele Eltern achten bereits darauf, möglichst Produkte „ohne Zucker" einzukaufen. Hinter den Bezeichnungen Sirup, Vollzucker, Kristallzucker, Würfelzucker, Kandiszucker, brauner Zucker, oder Rohrzucker verbirgt sich der herkömmliche Haushaltszucker. Dieser ist noch relativ leicht als solcher zu erkennen, doch es gibt viele Zuckerarten, die in der Zutatenliste eines Produktes unter unverständlichen Namen auftauchen können. Hier ein kurzer Überblick:

- **Haushaltszucker** („Saccharose") ist der „Zucker", den Sie im Handel in Form von Kristallzucker, Würfelzucker, braunem Zucker, Kandiszucker, Vollzucker oder Rohrzucker kaufen können. Er ist aus Frucht- und Traubenzucker zusammengesetzt.

- **Honig** besteht zu ca. 80 % aus einfachen Zuckern (aus Traubenzucker und Fruchtzucker) und zu 20 % aus Wasser. Honig ist also eine Art dicke Zuckerlösung.

- **Traubenzucker** („Glukose" bzw. „Glucose", „Glukosesirup") kommt von Natur aus in Fruchten (z. B. Weintrauben) vor. In vielen Produkten ist nicht nur Kristallzucker, sondern noch extra Traubenzucker oder Sirup enthalten.
Vielfach glauben Eltern, Traubenzucker sei gesünder als Haushaltszucker. Die beiden Zuckerarten sind jedoch für den Stoffwechsel fast gleichwertig.

- **Malzzucker** („Maltose") ist schwach süßlich und wird aus der Stärke von gekeimtem und getrocknetem Getreide (Malz) hergestellt.

- **Milchzucker** („Laktose" oder „Lactose") ist nur schwach süß, kommt in Milchprodukten natürlicherweise vor und wird vielen Backwaren zugesetzt.

Was ist besser – Zucker oder Honig?

Ob Sie mit Honig oder Zucker würzen wollen, ist hauptsächlich Geschmackssache. Vielleicht auch eine Frage der Unterstützung von guten Imkern, denn ohne Bienen würden wir nicht leben. SIe bestäuben Frucht- udn Gemüsepflanzen.
Honig besteht zu etwa 80 % aus Zucker und zu 20 % aus Wasser, das für die Zähflüssigkeit des Honigs verantwortlich ist. Dadurch ist die Süßkraft des Honigs etwas geringer, was meist unwillkürlich durch eine größere Portion ausgeglichen wird.
Honig enthält Spuren an Vitaminen, allerdings in „homöopathischer Dosis", denn man müsste beispielsweise 30 kg Honig essen, um damit den Tagesbedarf an Vitamin B_1 zu decken!
Wenn Sie Honig als Süßungsmittel bevorzugen, sollten Sie immer darauf achten, nach den Mahlzeiten die Zähne zu putzen. Denn Honig bleibt am Zahn eher kleben als Zucker. Einige Süßigkeiten (z. B. Karamell) und Bananen haften sogar noch stärker an den Zähnen!

Achtung Allergie!
Bei allergischen Kindern, die sehr empfindlich auf Pollen reagieren, könnte es zu Symptomen kommen, da sich im hochwertigen Honig Spuren an Blütenpollen befinden.

Ist Rohrzucker oder Vollzucker der bessere Zucker?

Im Gegensatz zum gereinigten weißen Zucker sind in Rohrzucker und Vollzucker noch Reste an Mineralstoffen des Zuckerrohrs oder der Zuckerrübe enthalten. Doch sind diese Mengen nicht sehr hoch. Der Geschmack ist jedoch nicht jedermanns Sache.
Die wenigen – durchaus positiven – Inhaltsstoffe sollen auch nicht darüber hinwegtäuschen, dass es sich primär um Zucker handelt. Wichtiger als der Griff zu Voll- oder Rohrzucker ist sicherlich die richtige Menge!
„Gelber" oder „brauner Zucker", der vielfach für Vollzucker gehalten wird, ist mit Resten von Zuckermelasse versetzter weißer Zucker und daher etwa wie dieser zu bewerten.

Ist Zucker wirklich ein Vitaminräuber?

Nun, die Bezeichnung „Räuber" ist nicht ganz zutreffend, aber jede Art von Zucker, Honig oder Stärke verbraucht

Vitamin B_1 im Stoffwechsel. Während die Zuckerarten nur „leere“ Kalorien liefern, versorgt ein Vollkornbrot den Körper großzügig sowohl mit Stärke als auch mit Vitamin B_1.
Wenn Vollkornprodukte die Basis unserer Lebensmittelauswahl bilden, fallen die geduldeten Mengen an Zucker nicht ins Gewicht. Besteht jedoch die Nahrung vorwiegend aus Süßem und Weißmehlprodukten, wird die ausreichende Versorgung mit Vitamin B_1 gefährdet sein. Schlafstörungen und Antriebslosigkeit können erste Zeichen eines Vitamin-B_1-Mangels sein.

Mein Kind ist zu dick, soll ich mit Süßstoff süßen?

Die verschiedenen **Süßstoffe** (Acesulfam K, Aspartam, Cyclamat, Neohesperidin, Saccharin) werden in der Kinderernährung zum Süßen von Speisen selbst dann **nicht empfohlen,** wenn das Kind ein „Süßspecht“ ist.
Für Erwachsene gibt es bei Süßstoffen eine maximal akzeptierbare Tagesdosis pro kg Körpergewicht. Da Kinder, deren Stoffwechsel intensiver und daher empfindlicher ist, vor allem mit süßstoffhaltigen Getränken (mehr als ein Glas) rasch sogar über die Maximalwerte für Erwachsene kommen können, gilt in der Kinderernährung die Regel: **Zucker in Maßen ist besser als Süßstoff!**
Eine Ausnahme davon bilden einzelne Bonbons mit Süßstoff und zuckerfreier Kaugummi. Sie enthalten nur wenig an Süßstoffen oder an den **Zuckerersatzstoffen Sorbit, Xylit oder Manit.** In größeren Mengen können diese beim Kind Durchfall verursachen. Auf den Packungen finden sich entsprechende Warnhinweise, die Sie beachten sollten!

Wenn Ihr Kind zu Übergewicht neigt und die Kinderärztin bereits zur Vorsicht warnt, dann liegt es sicher daran, dass es zu viel kalorienreiche Speisen isst und sich womöglich gleichzeitig zu wenig bewegt. Computerspielen und Fernsehen bieten Eltern zwar praktischerweise „Verschnaufpausen“, aber Kinder werden dadurch selten angeregt, sich zu bewegen.
Diese Wurzeln des Übergewichts muss man bedenken, wenn langfristig Abhilfe geschaffen werden soll. Hier gilt es, nicht Symptombekämpfung durch Verwendung von Süßstoff zu betreiben, sondern der Sache auf den Grund zu gehen sowie auf ausreichend Abwechslung in der Freizeitbeschäftigung zu achten und grundlegende Änderungen im Ernährungsverhalten vorzunehmen!

KURZ

- *Täglich max. 1 Portion (eine Handvoll) Süßes oder Knabbereien!*
- *Nach Süßigkeiten die Zähne putzen!*
- *Achtung: Süßstoff meiden!*

Gewürze – sparsam und möglichst frisch

Im Kleinkindalter soll **sparsam gesalzen** werden. Der Geschmack der Kinder entwickelt sich jedoch unterschiedlich. Während die kleine Julia am liebsten vom sauren Salat nascht, verzieht Tommy bei allem Sauren und bei scharf Gewürztem das Gesicht und schiebt den Teller von sich. Die Verträglichkeit ist ebenfalls individuell sehr verschieden. Manche Kinder reagieren noch im 2. und 3. Lebensjahr mit Verdauungsbeschwerden auf stark gewürzte Speisen. Daher wird prinzipiell empfohlen, eher **mild** zu **würzen!**
Bevorzugen Sie nach Möglichkeit frische oder tiefgekühlte Kräuter. In ihnen verbergen sich oft große Mengen an Vitamin C. Deshalb darf es von frischem Oregano, Petersilie, Basilikum oder Schnittlauch durchaus mehr sein. Optimal ist es, **Gewürzkräuter frisch** aus dem Garten oder Blumenkistchen zur Verfügung zu haben. Auch in kleinen Wohnungen kann schnell wachsende Gartenkresse für Ihr Kind eine Quelle für Vitamin C und viele Mineralstoffe sein. Zusätzlich kann Ihr Kind die Kräuter selber säen, ihr Wachstum beobachten und sie schließlich ernten.

Das Würzen mit der Vielfalt an Kräutern und der maßvolle Umgang mit Salz will gelernt sein. Denn die **traditionelle Hausmannskost ist zu kräftig gesalzen.** So wundert es nicht, dass wir mehr als das Doppelte der benötigten Menge an Salz zu uns nehmen. Gewohnheiten lassen sich schwer ändern, sodass es eines gewissen Maßes an Zurückhaltung bedarf, **die Kinderkost nicht nach dem eigenen „salzigen" Geschmack zu würzen.**
Dazu kommt, dass sich Salz ohnehin in vielen Speisen versteckt – in Brot, Käse, Wurst- und Fleischwaren, Knabbergebäck, Suppen, Marinaden und in fast allen Saucen. Zusätzlich zu salzen ist daher in vielen Fällen überflüssig.
Manchmal ist es sogar ratsam, sehr salzreiche Saucen oder Marinaden mit Joghurt zu strecken und so geschmacklich zu mildern.

Erhält mein Kind ausreichend Jod?

Diese Frage stellte eine Mutter, die den Hinweis ernst nahm, die Kinderkost sparsam zu salzen. Die Schilddrüse Ihres Kindes braucht Jod, um optimal funktionieren zu können. Dieses wird in größeren Mengen einerseits durch Meeresfisch, andererseits durch jodiertes Speisesalz zur Verfügung gestellt. In Österreich wird jedes Speisesalz mit Ausnahme des Pökelsalzes für Fleischwaren jodiert.
Auch in der Schweiz wird fast nur jodiertes Salz verwendet, denn Alpenböden sind jodarm und die Bevölkerung würde sonst unter Kropfbildung leiden. Dadurch ist in pikanten, außer Haus verzehrten Speisen und in Fertiggerichten automatisch Jod enthalten und die Jodversorgung ist bei einer

gemischten Kost mit wöchentlich einmal Fisch auch bei sparsamem Salzen gesichert.

Deutsche und Schweizer Leserinnen und Leser sollten beim Einkauf immer jodiertes Speisesalz wählen!

Soll ich Meersalz verwenden?

Es spricht nichts dagegen, Meersalz zum Würzen zu verwenden, allerdings sollten Sie darauf achten, dass dieses jodiert ist. Denn Meersalz enthält zwar Spuren von Jod, jedoch zu wenig, um in Jodmangelgebieten (z. B. in den Alpenländern, in Deutschland) die Versorgung Ihres Kindes mit Jod zu gewährleisten.

In Österreich wird Kochsalz generell jodiert und dann als „Vollsalz" bezeichnet. Dies geschieht auch bei in Österreich abgefülltem Meersalz, während Produkte aus dem Ausland nicht unbedingt jodiert sein müssen. Mancherorts wird jodiertes Salz mit Fluor bzw. Folsäure zum Verkauf angeboten.

Wählen Sie als Salz im Haushalt möglichst ein jodiertes Produkt! Sie können dabei auch heimisches Salz bevorzugen, das kurze Transportwege zurückgelegt hat. Das schont das Ökosystem.

Was, wenn mein Kind Ketchup zu allem isst?

Die rote Tomatensauce, die bewirkt, dass alle Speisen gut rutschen und unter der roten Hülle zu einem Einheitsgeschmack werden, ist bei fast allen Kindern ausgesprochen beliebt. Dafür sorgt auch die geschmackliche Mischung aus Zucker und Salz. Ketchup lässt sich nur bis zu einem gewissen Grad einschränken, es gibt bei Ketchup jedoch große Qualitatsunterschiede.
Manche Produkte scheinen hauptsächlich aus Zucker zu bestehen und schmecken kaum noch nach Paradeisern (Tomaten). Markenprodukte (z. B. der Fa. Felix oder zuckerärmer – der Fa. Zwergenwiese) weisen einen höheren Anteil an Paradeisern auf und sollen daher bevorzugt werden.

In Ketchup ist der Gehalt an Lycopin, einem sekundären Pflanzeninhaltsstoff, sehr hoch, daher wird ihm und Tomatenmark mittlerweile sogar eine gesundheitsfördernde Wirkung zugeschrieben.
Sie können den relativen Zucker- und Salzgehalt senken, indem Sie Ketchup mit gekochten, passierten Tomaten „strecken". Dies ist eine weitere Möglichkeit, Ketchup für kleine Ketchup-Tiger aufzuwerten.

Am besten ist es, Sie verwenden **kleine nachfüllbare Ketchupflaschen**. Bereiten Sie nur jeweils kleine Mengen zu und bewahren Sie die Mischung im Kühlschrank auf, **da das Paradeismark keine so lange Haltbarkeit besitzt!** Eine aufwändige, aber haltbarere Alternative ist selbst gemachtes Ketchup aus unserem Rezeptbuch *„Piffige Rezepte für kleine und große Leute"* (☞ weiterführende Literatur).

Sojasauce, Senf und Mayonnaise

Sojasauce ist in der chinesischen Küche eine gängige Zutat und wird auch bei uns immer beliebter. Sie enthält jedoch sehr hohe Mengen an Salz, sodass sie als Würze für milde Kinderkost nicht gut geeignet ist. Aus dem selben Grund ist auch die Verwendung von Senf in größeren Mengen nicht sinnvoll. Abgesehen davon, mögen nicht alle Kinder den scharfen Geschmack. **Füttern Sie daher nicht ungebeten in Senf getauchte Würstel!** Mayonnaise besteht normalerweise zu etwa 80 % aus Fett und ist somit wohl die kalorienreichste Sauce. Im Handel sind auch Mischungen von Mayonnaise mit Joghurt sowie Light-Mayonnaisesorten erhältlich. **Diesen fettreduzierten Saucen ist der Vorzug zu geben.**

KURZ

- ***Mild würzen und salzen!***
- ***Jodiertes Speisesalz oder Meersalz wählen!***
- ***Mäßig: Ketchup, Senf und Mayonnaise!***

MAHLZEIT, LIEBES!

Getreidebeilagen, Obst, Gemüse, Eier, Milchprodukte, Fisch und Fleischwaren landen als köstliche Speisen auf dem Familientisch.
In vielen Familien wird regelmäßig gegessen, in anderen bestimmen der Beruf der Eltern oder die Kindergarten- und Schulzeiten der älteren Kinder den Tagesablauf. Nicht selten splittern sich die Mahlzeiten auf, und jeder isst, wann er Zeit und Hunger hat.

Doch soll **zumindest eine Mahlzeit gemeinsam in Ruhe** genossen werden. Denn je mehr Stress und Hektik im Alltag vorhanden sind, desto häufiger werden Mahlzeiten in großer Eile verzehrt, verschoben oder gar ausgelassen. Dies ist vor allem für Kinder nicht sinnvoll! Schließlich folgen sie ihrer inneren biologischen Notwendigkeit, wenn sie ihren Hunger **regelmäßig in 5 Mahlzeiten** besänftigen, da sie bei den einzelnen Mahlzeiten oft noch nicht so große Mengen aufnehmen können.

Harmonische Mahlzeiten sind wichtige Gemeinschaftserlebnisse für Kleinkinder. Ihr Kind fühlt sich dadurch in Ihren normalen Tagesablauf eingebunden und gewinnt Sicherheit. Es kann sehen, was, wovon, wie viel und wie Sie essen, und lernt durch Ihr Vorbild ganz nebenbei Tischsitten und Ernährungskultur. Der Atmosphäre am Familientisch soll deshalb vermehrt Aufmerksamkeit geschenkt werden.

Manche Kinder fühlen sich durch zu intensives Befragen bei Tisch bedrängt und verweigern nicht nur die Neuigkeiten aus dem Kindergarten zu erzählen, sondern auch das Essen selbst.
Natürlich ist es verlockend, die Mahlzeit für **Diskussionen und sogar Streitgespräche** zu nutzen. Es stellt sich jedoch die Frage, ob die Probleme des Alltags **zu einem anderen Zeitpunkt** nicht effizienter und konzentrierter gelöst werden können. Sicher lässt sich zwischen Mahlzeit und notwendigen, aber unangenehmen Gesprächen nicht immer eine Grenze ziehen, aber jeder Schritt in diese Richtung tut spürbar gut.

Sie sollten sich bewusst machen, was Sie bei Tisch „geistig in sich hineinessen“. Sind es die Schwierigkeiten mit dem Chef, die Ungereimtheiten aus dem Kindergarten/ der Kita? Sind es die letzten Horrormeldungen aus Zeitung, Radio oder Fernsehen? Können dann die Speisen überhaupt noch munden oder werden sie nur mehr oder weniger unbewusst geschluckt?

Mahlzeiten brauchen Zeit!
Sie sind eine Chance, sich zu erholen, sich zu stärken und um abzuschalten. Sie wollen einfach dankbar genossen werden.

Heutzutage haben wir uns schon so daran gewöhnt, „nebenbei" zu essen oder zu naschen – neben dem Fernsehen, beim Zeitungslesen, beim Telefonieren, im Gehen unterwegs oder am Computer sitzend. Oft lässt uns der hektische (berufliche) Alltag keine andere Wahl, oder?

Die schlechte Gewohnheit der Erwachsenen, dem **bewussten Essen** nicht die **nötige Zeit** zuzugestehen, greift leider rasch auf Kinder über. Dann wird häufig beim Spielen, im Auto unterwegs oder beim Einkauf gegessen. Oft dient die Nahrung dabei bloß dazu, die Eltern „freizuspielen". Überlegen Sie sich möglichst vorab, welche Grenzen Sie setzen und welche **positiven Gewohnheiten** Sie **fördern** wollen!
Halten Sie für Stresssituationen andere Ablenkungen (Spielsachen, Malstifte) statt des Essens bereit. Zu einer ansprechenden Atmosphäre beim Essen gehört auch eine freundliche **Essumgebung.** Viele Kinder bereiten beim Essen weniger Probleme, wenn dabei Wohlfühl-Atmosphäre herrscht.
Oft reichen ein paar kleine Handgriffe, um das Wohlbefinden zu steigern – ein gemütlicheres Eck im Raum als Essplatz, eine neue abwaschbare Tischplatte aus Holz oder ein farbenfrohes, helles Tischtuch unter den schonenden Plastikbezug. Der hübsch gedeckte, eventuell jahreszeitlich geschmückte Tisch kann so manchen Essmuffel veranlassen, ein zweites Mal zuzugreifen. Achten Sie auch darauf, dass nicht allzu viel unnötig auf dem Tisch herumsteht! So wird die Mahlzeit zur stärkenden Quelle für Körper und Seele.
Um den Körper gleichmäßig mit Energie und Nährstoffen zu versorgen **sind zwischen Frühstück, Mittagessen und Abendessen noch ein Vormittags- und ein Nachmittagsimbiss nötig** (siehe Grafik unten).

Deckung des täglichen Energiebedarfs

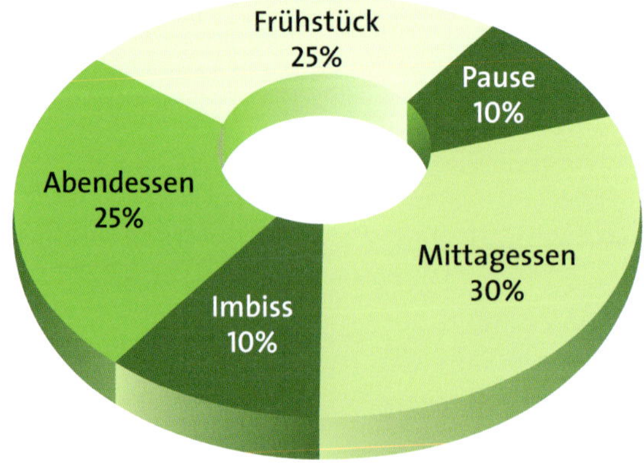

Durch diese Verteilung werden die 3 Hauptmahlzeiten etwas kleiner und nehmen die Verdauung Ihres Kindes nicht übermäßig in Anspruch. Die kleinen Zwischenmahlzeiten sorgen außerdem dafür, dass kein allzu großer Heißhunger entsteht.

Etwa alle 2 – 4 Stunden wäre der Körper für eine neue Magenfüllung bereit – abhängig von der Zusammensetzung und der Menge an Nahrung, die zur letzten Mahlzeit gegessen wurde. Die Tagesleistungskurve zeigt es deutlich: 5 Mahlzeiten sind empfehlenswert.

Tagesleistungskurve

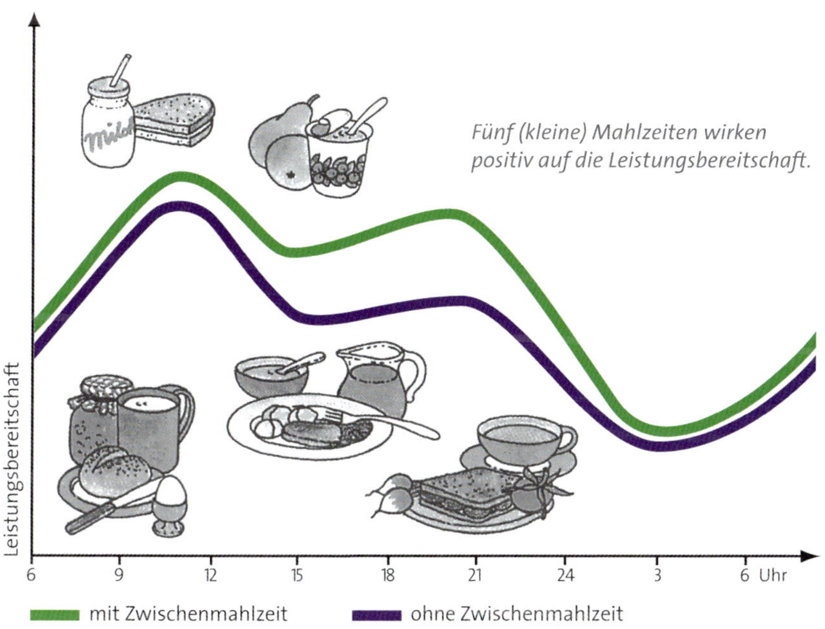

nach: Tagesleistungskurve, C. A. Schlieper, Ernährung heute, 14. Auflage, 2011, Verlag Handwerk und Technik/Dr. Felix Büchner, Hamburg.

Die innere Uhr Ihres Kindes ist individuell und richtet sich auch danach, wie viel an Nahrung es momentan für Wachstum und Bewegung braucht. Sobald die Leistungsfähigkeit nachlässt, verlangt das Kleinkind instinktiv nach Nahrung.

Doch diese instinktive Reaktion des Kindes wird oft schon im Säuglingsalter untergraben, weil jede Unmutsäußerung mit Essen gestillt oder vereinzelt immer noch empfohlen wird, einen strikten 4-Stunden-Rhythmus einzuhalten.

Natürlich entstehen im Kleinkindalter durch das soziale Umfeld auch Vorgaben für die Mahlzeiten, z. B. durch fix vorgegebene Pausenzeiten im Kindergarten oder durch regelmäßige Hauptmahlzeiten am Familientisch. Schon beim Umstieg auf Familienkost werden die Mahlzeiten des Säuglings diesen Vorgaben angeglichen.
Sind in der Ernährung der Eltern bisher keine Zwischenmahlzeiten vorgesehen, dann können Sie **die Chance nützen, Ihre eigene Ernährung gleichzeitig umzustellen.**

Das Frühstück – der Start in den Tag

Rechtzeitiges Aufstehen ist wohl die wesentlichste Voraussetzung, um in Ruhe frühstücken zu können. *Zu spät aufgestanden, Hektik beim Frühstück und dann schnell aus dem Haus!* So oder ähnlich spielt es sich in vielen Langschläferfamilien in der Früh ab.
Dabei ließe sich manches schon am Abend zuvor herrichten (z. B. der gedeckte Tisch), sodass in der Früh nur mehr wenige Handgriffe zu tun sind.

Das Morgenritual ist oft automatisiert und bewirkt, dass kaum eine andere Mahlzeit so eintönig ist wie das Frühstück. Dabei ist eine gesunde Morgenmahlzeit der beste Start für einen erlebnisreichen Tag!
Das typisch österreichische Frühstück – bestehend aus Semmel (Brötchen), Butter und Marmelade – liefert viel „schnelle Energie", aber diese verpufft rasch.
Die Umstellung auf ein gutes Frühstück, das die Energie im Körper langsamer freisetzt und die Leistungsfähigkeit steigert, ist keine Hexerei.

Der optimale Start am Morgen:
Das ideale Frühstück besteht aus einem Getränk und einer Kombination von drei Komponenten: aus zwei pflanzlichen und einer tierischen, also zum Beispiel aus Getreideprodukten, Obst und Milchprodukten.

Nach dem 1. Geburtstag kann noch ab und zu der Grießbrei mit frischem Obst als Frühstück herangezogen werden. Am Vortag vorgekochter Reis, Buchweizen oder Polenta (Maisgrieß), Frühstücksflakes – nach dem 2. Lebensjahr auch Müsli – bieten sich stattdessen zusammen mit Obst, Karotten (Möhren, Rüebli), Joghurt, Sauer- oder Buttermilch an.

Bedenken Sie, dass Müsli und Frischkornbrei für Kleinkinder relativ schwer verdaulich sind und daher immer ausreichend lange in Wasser zu quellen sind! Wie der englische Haferbrei kann das Müsli für Kinder auch kurz aufgekocht oder mit heißem Wasser zubereitet werden.

Am gemeinsamen Familientisch können Sie schrittweise auf Brot, Gebäck oder Knäckebrot zusammen mit Topfen (Quark) oder wenig Butter wechseln. Vollkornbrot ist ideal! Als Alternative zum Marmeladeaufstrich kann als Belag frisches, in Scheiben geschnittenes Obst verwendet werden. Kinder übernehmen das Dekorieren mit den bunten Obststücken gerne selber.

Frische Gurkenscheiben zu etwas fettarmer Wurst (z. B. Putenwurst) oder Paprikastreifen zu einer Scheibe Käse sorgen für Abwechslung auf dem Brot.
Ab und zu kann auch ein Frühstücksei oder eine Eierspeise auf dem Tisch stehen, sodass Sie an jedem Wochentag etwas anderes anbieten können.

Ein warmes Getränk soll unbedingt dazu serviert werden. Hier eignet sich am besten Milch (evtl. mit etwas Kakaopulver). Wenn Ihr Kind morgens keine Milch mag, kann es auch Früchte- bzw. Kräutertee sein, der möglichst nicht gesüßt oder nur mit Obstsaft vermischt sein soll.
Manche Kinder wollen morgens nur zimmerwarme Getränke trinken oder brauchen zusätzlich ein Glas Wasser, Mineralwasser, gespritzten Obst- oder Gemüsesaft. Besonders wenn das Kind nachts sehr schwitzt, ist diese Extraportion an Flüssigkeit notwendig, um den Kreislauf in Schwung zu bringen.

Mein Kind isst morgens nichts!

Haben Sie alles für ein schönes Frühstück hergerichtet und Ihr Kind mag trotzdem nicht frühstücken? Mancher Frühstücksmuffel ist einfach nur verschlafen und braucht seine Zeit, um den Tag zu beginnen. Vielleicht hat Ihr Kind auch Ärger mit Freunden im Kindergarten, der auf den Magen schlägt, oder es ist im wahrsten Sinne des Wortes „angefressen".
Keinesfalls sollten Sie Ihr Kind dazu zwingen, morgens viel zu essen, denn Zwang erzeugt nur Ablehnung! Bevor Ihr Kind das Haus verlässt, soll es allerdings **zumindest ein warmes Getränk** und ein paar Bissen zu sich nehmen. Es muss jedoch dafür gesorgt sein, dass das fehlende Frühstück am Vormittag nachgeholt werden kann. **Dieses Gabelfrühstück (Jause) ist für Morgenmuffel etwas reichhaltiger zu gestalten!** Das verringert unter Umständen den Appetit auf das Mittagessen, welches dann etwas später erfolgt.

Mein Kind trinkt in der Früh noch die Flasche ...

Die Säuglingsmilchnahrung ist für viele Kinder im 2. Lebensjahr noch das beliebteste Frühstücksgetränk. Manche Kinder wollen auch im 3. Jahr noch nicht darauf verzichten. Andere steigen zwar auf gewärmte Vollmilch um, bestehen aber auf der Flasche als Trinkgefäß. Die Flasche ist im 1. Lebensjahr als Trinkhilfe gedacht und soll „ausgeschlichen“ werden, sobald das Kleinkind laufen lernt. Auf Dauer kann sonst die Entwicklung des Kiefers Ihres Kindes in Mitleidenschaft gezogen werden.

Als Empfehlung gilt, dass das Kind gegen Ende des 1. Lebensjahres zumindest aus einer Schnabeltasse trinken können sollte. Nach und nach soll die Flasche durch Tasse oder Glas ersetzt werden und schließlich ganz verschwinden. Jedes Kind hat jedoch sein eigenes Tempo und es nutzt erfahrungsgemäß wenig, einen Machtkampf zu führen, um die Flasche von heute auf morgen zu entfernen.
Gehen Sie Ihr Vorhaben, auf die Tasse umzustellen, schrittweise und gelassen an! Schließlich spüren Kinder rasch, wenn Sie sich selbst unter Druck befinden. Bieten Sie einfach häufiger statt der Flasche außen bunt bebilderte Trinkbecher oder Tassen an, und lassen Sie manchmal aus Ihrer eigenen Tasse Früchtetee oder Milch kosten. Durch das Mittrinken steigt der Anreiz „wie die Großen“ zu trinken.

Das Pausenbrot für zwischendurch

Eine Jause (Imbiss) bringt Schwung für zwischendurch. Ebenso wie zum Frühstück bilden Obst oder Gemüse, Getreide- und Milchprodukte sowie ausreichend Flüssigkeit die Grundlage. Die Pausenverpflegung soll aus 2 Komponenten (mind. die Hälfte pflanzlich) und einem Getränk bestehen.
Aus dem (Frisch)obstbrei im Säuglingsalter wird die Obstportion beibehalten und kann z. B. mit Joghurt kombiniert werden.
Ansonsten liefert Knabbergemüse mit einem Weckerl (Brötchen) und Sauermilch Ihrem Kind bunte Vielfalt und Frische, oder ein dekoriertes Käsebrot plus etwas Tee.
Doch gerade bei Zwischenmahlzeiten, die das Kind in den Kindergarten mitnimmt, wo es selbst entscheiden kann, ob das Brot gegessen wird oder im Mistkübel landet, ist **Mitbestimmung wichtig.** Welchem Kind gefällt es nicht, bei den Freunden dank einer schmackhaften Jause, die hoch im Kurs steht, im Mittelpunkt zu stehen? Erkunden Sie solche Trends!
Fragen Sie Ihr Kind – und das immer wieder, denn Vorlieben ändern sich. Vermeiden Sie in diesem Fall geschlossen gestellte Suggestivfragen wie z. B. „Möchtest du ein Speckbrot mitnehmen?“ (Speck muss zu den Fettportionen gerechnet werden). **Stellen Sie lieber offene Fragen** wie „Was möchtest du gerne mitnehmen?“ oder **„Welches von diesen bunten Gemüsen möchtest du mitnehmen?“**. Denn Kinder antworten oft Ihren unterschwellig durchklingenden Wünschen entsprechend.

Untersuchungen haben gezeigt, dass Eltern oft gar nicht wissen, was ihr Kind essen möchte, und dass vielen Kindern der Sinn durchaus nach Obst und pikanten Broten steht und nicht (nur) nach Süßem. Innerhalb der Lebensmittelgruppen gibt es so viele verschiedene Möglichkeiten, dass sicher auch für Ihr Kind mehr als eine beliebte Variante zu finden ist.
Einfache Brote sind „uncool". **Doppel- und Trippeldecker** können jedoch plötzlich reizvoll werden. Warum also nicht ein rundes Grahamweckerl (Kleiebrötchen) auseinanderschneiden, je mit einer Scheibe Schinken und Käse belegen und mit buntem Gemüse oder mit einem Essiggurkerl (einer Gewürzgurke) dazwischen füllen? So wird das Brot nicht klebrig feucht und die Frische bleibt innen erhalten. Weitere Ideen in *„Coole Rezepte für zwischendurch"* (☞ Anhang)

Auf die Verpackung kommt es an!

Natürlich kommt es auf eine geschickte Verpackung an, die sich leicht nach und nach entfernen lässt und die verhindert, dass sich die ganze Schönheit beim Abbeißen in alle Bestandteile zerlegt. Nichts ist unbeliebter als eine zerquetschte Banane oder eine Birne, die das Pausenbrot durchweicht hat.
Verpacken Sie daher Brot, Obst und Gemüsestreifen in einzelnen kleinen Behältern. Der Obstsalat, die vorbereitete Birnenhälfte oder Karottenstücke, werden durchaus geschätzt und liefern auch zerkleinert Ballaststoffe, Mineralstoffe und Vitamine.
Müsli mit Joghurt passt ebenfalls gut in eine Plastikdose und kann bis zur Jausenzeit (Zwischenmahlzeit) ausreichend quellen. Jedes Jausengetränk benötigt eine bruchfeste, wieder verschließbare Plastikflasche.
Alles gemeinsam steckt dann im Kindergarten-Rucksack oder in einem speziellen Beutel, der leicht waschbar sein sollte. Achten Sie bei allen Verpackungen und dem Rucksack auf einen einfachen Verschluss! Doch das „Tüpfelchen auf dem i" bilden für viele Kinder bunte, lustige Servietten drum herum.

Essen und Trinken unterwegs

Ob Einkaufsfahrt oder der Besuch bei Freunden – wann immer Sie mit Kindern unterwegs sind, sollten Sie zumindest ein durstlöschendes Getränk bereithalten. Denn in der Praxis tritt der Durst mit Vorliebe in den unmöglichsten Situationen auf – wenn wir gerade in Eile sind oder weit und breit nichts zu trinken zu bekommen ist.
Im Auto empfiehlt es sich, für die Lenkerin bzw. den Lenker und alle Mitreisenden immer eine Reserve an (Mineral)wasser, Müsliriegeln oder trockenen Keksen dabeizuhaben. Denken Sie an Notfälle wie Stausituationen oder sonstige Behinderungen! In so einem Fall greift man sogar dankbar zu lauwarmem Wasser. Für Ausflüge und Einkäufe mit Kindern soll ebenfalls mit

Getränken und bei längerem Fortbleiben mit einer Verpflegung vorgesorgt sein. Hier ist ein Vorrat wichtig und schont die Nerven!
Dadurch ist man nicht vom – oft unzureichenden – Angebot unterwegs abhängig. In praktischer, ansprechender (aufdrehbarer) Kinderpackung gibt es unterwegs leider meist nur süße Limonaden zu kaufen. Einzige gute Alternativen sind Kindertrinkpackungen mit reinem Obstsaft gemischt mit Mineralwasser. Doch diese sind nicht überall erhältlich.
Die gewohnten Tee- und Saftmischungen, die im Verhältnis viel billiger kommen und den Durst besser löschen, kann man sich nur selber mitnehmen. In der Thermoskanne bleiben diese im Sommer kühl, im Winter warm.

Die Beilagen werden zur Hauptspeise

Das Mittag- und Abendessen besteht vorrangig aus Kartoffeln, Teigwaren, Reis und viel Gemüse. Diese stärke- und ballaststoffreichen Lebensmittel werden ergänzt durch kleine Portionen Fisch, Ei oder Fleisch. Das kommt den geschmacklichen Vorlieben der Kinder meist entgegen und tut der ganzen Familie gut! „Polentaschnitten mit Gemüsesauce", „Nudeln (Teigwaren) mit Thunfisch-Sugo", „Erdäpfelkuchen vom Blech" oder „Zimtknödel mit Apfelmus" sind Beispiele unserer *„Pfiffigen Rezepte für kleine und große Leute"*, die dieser Empfehlung entgegenkommen und schnell auf den Tisch zu zaubern sind (☞ Anhang).
Hin und wieder kann es eine kalte Mahlzeit sein, die aus Salat und belegten Broten besteht. Gemüsestreifen mit Dip verführen zum häufigeren Zugreifen und auf das Brot dürfen auch so einfache „Exoten" wie der grüne Topfenaufstich (Quarkaufstrich), Grünkernaufstrich oder der Erdäpfelkas (Kartoffelaufstrich, der sich aus überzähligen Kartoffeln oder Kartoffelpüree herstellen lässt) gestrichen werden. **Kinder brauchen nicht zu jeder Hauptmahlzeit eine warme Speise.** Freilich ist es an kalten Wintertagen günstig, zum Nachtmahl zumindest ein warmes Getränk oder Suppe anzubieten.

Pizza, Schnitzel, Hamburger

Mit dem Eintritt in den Kindergarten, den ersten Kinderfesten und längeren Besuchen bei den „großzügigen" Großeltern wird die Auswahl der Speisen zunehmend schwieriger.
Zum Leidwesen ernährungsbewusster Eltern sind dann Pommes frites, Hamburger, Pizzaschnitten, Cola, Gummibärlis, Fischstäbchen und Schnitzel besonders begehrt. *„Warum sind gerade diese ungesunden Speisen bei Kindern derart beliebt?"*, fragen sich daher viele Eltern.

Nimmt man sie genauer unter die Lupe, dann findet man eine Reihe von **typischen Eigenschaften dieser Lieblingsspeisen,** die Ihnen dabei helfen können, auch „gesunde“ Speisen bei Ihrem Kind beliebt zu machen:

• **Lieblingsspeisen lassen sich meist „mit der Hand“ essen.**
Speziell Fast Food erfüllt diese Bedingung. Pommes frites und Hamburger sind „begreifbar“ und befriedigen dadurch das Grundbedürfnis der Kinder nach „Erfassbarkeit“.
Viele Vorschulkinder essen lieber mit der Hand rohes Gemüse (Karotten / Möhren, bunten Paprika) als gekochtes mit Löffel oder Gabel.

• **Sie haben Spielzeugcharakter.** Pommes frites lassen sich stapeln, Schokobonbons mit buntem Zuckerguss sich in Figuren legen. Aus Suppennudeln in Form von Sternchen oder Buchstaben lassen sich Muster und Worte am Tellerrand bilden. Und Spaghetti kann man wie „Susi und Strolchi“ einzeln aufsaugen oder – wie es Pippi Langstrumpfs Vorbild zeigt – sogar mit der Schere essen!

• **Sie sind häufig, aber nicht alltäglich.** Denn sie müssen oft mühsam als Zugeständnis abgerungen werden. Speisen, die jeden Tag gegessen werden (müssen), verlieren bald an Attraktivität. Jede Lieblingsspeise büßt ihren Reiz ein, wenn sie zu oft serviert wird. Häufig, aber nicht täglich Angebotenes ist deswegen oft so sehr begehrt.

• **Sie sind für Kinder leicht wieder erkennbar.** Das gilt für Form und Farbe, sowohl für die Speise als auch für die Verpackung. Hinter panierten Rechtecken verbergen sich Fische und nicht Schnitzel oder Backhuhnstückchen, das weiß bald jedes Kind. Paniertes wird nicht nur deshalb geschätzt, weil darunter verschiedene Fischformen und -größen vereinheitlicht werden, sondern auch, weil das Wiedererkennen beim Anblick Freude macht. Es bietet dem Kind ein Erfolgserlebnis, wenn der Geschmack dann den Erwartungen entspricht.

• **Sie sind einfacher zu essen. Kleine, portionierte Stücke lassen sich besser in kleine Münder nehmen.** So sprechen Apfelspalten Kinder mehr an als ein ganzer großer Apfel – besonders wenn sie zusätzlich noch in Mustern auf den Teller gelegt werden. Ebenso ist Faschiertes (Hackfleisch) Laibchen (Bratlinge), als Bällchen, Braten oder Saucenbestandteil bei kleinen Kindern beliebter als ein großes, schwer zu kauendes Fleischstück.

• **Sie werden nicht als „gesund“ aufgedrängt.** Viele Erwachsene haben die Einstellung, was „gesund“ ist, könne nicht schmecken. Kleinkinder fangen mit dem Gesundheitsbegriff als solchem nicht viel an.
Der Zusammenhang von Gesundheit und „richtiger Ernährung“ ist für sie nur dann nachvollziehbar, wenn sie diesen (z. B. bei einer Lebensmittelallergie) bereits selbst erfahren haben.

Deshalb ist „gesund“ als Eigenschaft von Lebensmitteln für Kinder nicht interessant und eher abschreckend.

- **Was lustig bunt ist und in größerer Menge gesammelt werden kann, gilt als „Schatz“.** Dies umso mehr, wenn es sich dabei um „verbotene“ Belohnungen (Gummibärchen, Zuckerln / Bonbons) handelt, die nur widerwillig und selten verteilt werden. Dabei gelten 2 kleine Belohnungen mehr als eine große. Man denke bloß an die Kleinpackungen bei Fruchtjoghurt oder Topfencremen (Quarkspeisen)!

- **Sie sind lustig verpackt.** Mit bunten Comicfiguren und toller Werbung werden sie ansprechend vermarktet. Bunte Beigaben in den Packungen kommen der kindlichen Sammelleidenschaft entgegen und reizen Kinder meist schon beim Einkauf, danach zu greifen.

Schon im Alter von 3 Jahren können Kinder Werbeslogans und Marken zuordnen, wenn sie häufig Werbung im Fernsehen gesehen haben. Werbung ist ein zweischneidiges Thema. Einerseits werden Kinder beeinflusst, andererseits können Sie sich ihre Strategien zunutze machen und gemeinsam mit Ihren Kindern Slogans für spezielle Gerichte oder „gesunde“ Lebensmittel erfinden. Ein selbst gebastelter Rahmen dient als TV-Gerät und schon läuft Ihr eigener Werbespot für die persönlichen, gesunden Lieblingsspeisen. Das macht Kindern Spaß und zeigt gleichzeitig, wie Werbung funktioniert. Machen Sie sich bewusst, dass Werbung versucht, Eltern davon zu überzeugen, Kinderprodukte seien auf Grund eines speziellen Inhaltsstoffes (z. B. viel Calcium) unerlässlich.
Kinder brauchen jedoch keine Spezialprodukte, sondern eine ausgewogen zusammengestellte Nahrung, die sie auch im späteren Leben gesund erhält. Die von den Kindern täglich mit Nachdruck verlangten Lieblingsspeisen sind Hauptdiskussionsthema in vielen Elternrunden. Die Angst der Eltern vor Mangelerscheinungen auf Grund der einseitigen Vorlieben ist groß – vor allem bei Fast-Food-Gerichten.
Doch nicht alles, was unter den Begriff Fast Food fällt, ist automatisch „ungesund“! Hier gilt es, zwischen den verschiedenen Angeboten zu unterscheiden und die Häufigkeit und Menge der Speisen nicht außer Acht zu lassen.

Fast Food – Essen auf die Schnelle

Egal ob Hamburger oder Würstel mit Ketchup – Kinder lieben Fast Food. Es erfüllt fast alle Kriterien einer Lieblingsspeise und ist noch dazu immer **sehr schnell auf dem Tisch** – ein nicht unwesentlicher Pluspunkt in den Augen hungriger Kinder, für die Warten immer unheimlich lang dauert. **Außerdem sind viele Fast-Food-Restaurants in ihrer Verkaufsstrategie betont kinderfreundlich** und halten immer Überraschungen zum Spielen bereit.

Auf Grund der Vielfalt an Fast-Food-Produkten fällt es schwer, ihren Wert als Nahrung generell zu beurteilen.
Zu Fast Food zählt man alles, was man einerseits schnell essen und andererseits fertig kaufen oder schnell zubereiten kann – also auch Fertigsalate und Fertiggerichte. „Schnelles Essen" kommt vor allem berufstätigen Müttern sehr entgegen und trifft den „Zeitgeist".
Außerdem: Wer verbringt nicht lieber mehr Zeit mit den Kindern, statt lange in der Küche zu stehen?

Die Qualität der Zutaten von Fertiggerichten und Fast Food lässt aber oft zu wünschen übrig. Unter der Panier (Panade) und feinst zerkleinert lassen sich Lebensmittel zweiter Wahl problemlos verstecken.
Der Sinn des englischen Sprichwortes *„Fast food makes you sick quick!"* (übersetzt etwa: „Schnelles Essen macht dich rasch krank!") ist also manchmal nicht von der Hand zu weisen – ebenso wenig die Wortspielerei von *„fast"* Food – also *„beinahe"* ein Essen. Denn die meisten Fast-Food-Produkte enthalten viel Fett – und hier vor allem auch unerwünschte Transfettsäuren – und im Verhältnis wenig Vitamine, Mineralstoffe und Ballaststoffe.

• 1 Paar Frankfurter (Wiener Würstchen), 1 Pizzaschnitte, 1 Leberkäsesemmel (Fleischkäsebrötchen) oder 1 Hot Dog liefern etwa die Hälfte der gesamten täglichen Fettmenge, die Ihr Kind benötigt – also etwa 30 g Fett.

• 1 Portion Pommes frites, 1 Big Mac oder 1 Schinken-Käse-Toast liegen mit ca. 25 g Fettgehalt auch nicht viel niedriger.

• Dagegen schneiden Cheeseburger, Hamburger und Extrawurstsemmel (Fleischwurstbrötchen) mit etwa 10 g Fett fast schon günstig ab.

• Noch besser ist allerdings 1 Grahamweckerl (Kleiebrötchen) mit Schinkenwurst und Essiggurkerl (Gewürzgurke) oder 1 Vollkornbrot mit Käse und Paprika, denn hier sind mehr Ballaststoffe, Mineralstoffe und Vitamine enthalten.

Solange Ihr Kind nicht nach Fast Food verlangt, sollten Sie typische Fast-Food-Produkte bewusst meiden. Wenn jedoch der „Fast-Food-Virus" von älteren Geschwistern oder Kindergartenfreunden „übergesprungen" ist, erhöhen strikte Verbote nur den Reiz. Dann sollten Sie kein schlechtes Gewissen haben, sondern Folgendes beherzigen:

• **Versuchen Sie typische Fast-Food-Gerichte** (wie Würstel, Pizzaschnitte oder Hamburger) **auf max. einmal pro Woche einzuschränken.**

• **Verführen Sie mit „gesünderen" Fast-Food-Alternativen,** beispielsweise Gemüsepizza bzw. Fischburger (*„Pfiffige Rezepte für große und kleine Leute"*, ☞ weiterführende Literatur).

• Achten Sie darauf, dass das „schnelle Essen" nicht dazu führt, dass rasch und hastig gegessen wird. Hinunterschlingen verzögert die Sättigung, sodass Ihr Kind nicht mehr spürt, wann es wirklich satt ist, und mehr isst als nötig. Außerdem ist gutes Kauen wichtig als Vorbereitung für eine optimale Verdauung: Die Verdauungsenzyme zerlegen die Nahrung besser, wenn die Speisen zerkleinert sind.

• Bieten Sie doch zum Fast-Food-Menü hochwertige Nahrung als Ergänzung an – beispielsweise Salat und Orangensaft statt eines Colagetränkes. Vollkornprodukte zum Frühstück und „gesunde“ Lieblingsspeisen als zweite Hauptmahlzeit sorgen dafür, dass der Speiseplan ausgewogen bleibt.

Machen Sie einen Wochenplan!

Wenn Sie nun darangehen, alle Lebensmittel im richtigen Verhältnis auf den Tisch zu bringen, ist es beinahe unumgänglich, einen Wochenspeiseplan zu erstellen. Nur so können Sie die Umsetzung in die Praxis üben und alle notwendigen Lebensmittel für Ihr Kind bereithalten. Sie können dadurch Vorlieben wie Fast Food und Süßigkeiten gezielt einplanen und so im Tagesplan ausgleichen.
Es mag für Sie zu unflexibel klingen, einen Wochenplan zu erstellen, doch Sie können spontan ja immer variieren. Im Endeffekt ersparen Sie sich durch die **konzentrierte Planung** viel Zeit und Geld. Nach dem Plan können Sie mit viel **geringerem Zeitaufwand** Ihre Einkaufsliste erstellen und Einkäufe besser gestalten. Große Mengen eines saisonalen Angebotes lassen sich vielseitiger verarbeiten bzw. Vorräte in der Tiefkühltruhe oder im Keller regelmäßiger „umwälzen“. Mit der Wochenplanung ist auch die Zeit der Verlegenheitsgerichte vorbei.

Die wöchentliche Planung bietet einen weiteren Vorteil: Wenn Sie vorab wissen, dass Sie an einem Wochentag nur für Ihr Kind eine Mahlzeit brauchen, können Sie ökonomischer arbeiten.
Sie können sich dann das Kochen ersparen, indem Sie einige Tage zuvor bei einer Mahlzeit etwas mehr kochen und die später benötigte Einzelportion tieffrieren.
Gut eignen sich dazu Eintöpfe oder Gemüsesuppen. **Überzählige Portionen, die tiefgekühlt werden, sind auch ein guter Notnagel,** wenn Sie einmal überhaupt keine Zeit zum Kochen finden.

Das **„Kettenkochen“** ist eine bewährte Methode, die Ihnen bei vorab geplanten Gerichten viel Zeit ersparen kann. Dabei wird für die folgenden Mahlzeiten mitgedacht. Z. B. können Sie als Beilage abends Reis servieren und davon eine größere Menge kochen. Der Rest wird in einem verschlossenen Gefäß im Kühlschrank aufbewahrt und ist für den nächsten Tag bestimmt.
Sie können daraus Reis mit Joghurt und Früchten für das Frühstück oder als Zwischenmahlzeit zaubern und mittags einen Reissalat, Reisauflauf oder gefüllte Paprika servieren.

Abends verwenden Sie ihn als Einlage in einer Suppe (evtl. püriert in einer Gemüse-Cremesuppe) oder in einer Fülle für überbackene Palatschinken (Pfannkuchen).
Haben Sie sich für die Palatschinken entschieden, so lässt sich die Kette leicht fortsetzen! „Vorsätzlich überzählige" Palatschinken können Sie tags darauf in dünne Streifen geschnitten als Suppeneinlage für Frittatensuppe verwenden oder sie in einer Tortenform mit süßen oder pikanten Zwischenschichten überbacken. Mit ein wenig Fantasie finden Sie sicherlich zahlreiche Möglichkeiten, das Kettenkochen anzuwenden!

In der Praxis hat es sich bewährt, den Wochenspeiseplan aus unserem Buch *„Pfiffige Rezepte für kleine und große Leute"* (☞ Anhang) am Abend **vor dem „großen Wocheneinkauf"** zu erstellen, sodass während der restlichen Woche nur wenig Lebensmittel zu besorgen sind.

Am besten ist es, Sie gehen die Gestaltung des Speiseplans **spielerisch im Kreise der Familie** an. Jeder hat dabei die Möglichkeit, Vorschläge zu machen, seine Lieblingsspeise mit auf den Plan zu setzen und sich darauf zu freuen.
Nicht selten erhöht der gemeinsame Beschluss der Speisenabfolge die allgemeine Akzeptanz und verringert zermürbende Diskussionen bei Tisch. Auch für Essmuffel wird durch die Mitbestimmung beim Speisezettel ein Anreiz zuzugreifen gesetzt.

Tipps für die Zubereitung

Damit aus Lebensmitteln Speisen werden, sind im Haushalt viele Arbeitsschritte nötig. Diese reichen von Ihrem Einkauf, über die Lagerung und Verarbeitung der Nahrungsmittel bis zum Anrichten der fertigen Speisen. Hier ein paar Tipps, die Sie dabei beachten sollten:

Augen auf beim Einkauf!

Legen Sie je nach Vorlieben Ihrer Familie eine Grundausstattung an Lebensmitteln an und überprüfen Sie Ihr Lager vor jedem Großeinkauf. Eine Checkliste kann Ihnen dabei gute Dienste leisten.

Beim Einkauf der Lebensmittel ist auf beste Qualität, besonders auf Frische, zu achten. Kontrollieren Sie auf dem Etikett das Mindesthaltbarkeitsdatum, das Ihnen einen Hinweis auf die Verbrauchsfälligkeit des Produktes liefert. Speziell bei leicht verderblichen Produkten (z. B. Frischmilch, Fleischwaren etc.) ist dies wichtig. Keinesfalls sollten Sie Waren mit abgelaufenem Haltbarkeitsdatum kaufen.

Vermeiden Sie den Einkauf von Obst und Gemüse, das an stark befahrenen Straßen angeboten oder kultiviert wird, da dies die Gefahr einer höheren Schadstoffbelastung mit sich bringt. Bevorzugen Sie beim Einkauf biologi-

sche Lebensmittel. Sie sind in der Regel zwar etwas kleiner, aber geschmacklich besser. Zusätzlich betreiben Sie beim Kauf biologischer Waren aktiven Umweltschutz.

Achten Sie dabei auf das EU-BIO-Gütezeichen, auf nationale BIO-Kontrollzeichen bzw. auf eine Kennzeichnung durch einen anerkannten BIO-Verband (z. B. Demeter, Ernte, Bioland).

AMA-BIO-Zeichen und EU-BIO-Zeichen

Das Etikett liefert Ihnen auch andere wichtige Informationen. So erlaubt Ihnen erst die Angabe der Füllmenge einen fairen Preisvergleich.
Dabei wird auch deutlich, wie viel umweltbelastende Mogelverpackung verwendet wurde.

Der Auflistung der Zutaten auf dem Etikett können Sie ebenfalls einiges entnehmen. Hauptzutaten finden Sie zu Beginn. Gewürze und Zusatzstoffe (z. B. Farbstoffe, zugesetzte Vitamine oder Aromen) stehen am Ende.
Sie können aus der Reihenfolge schließen, von welchen Zutaten besonders viel enthalten ist.
Kaufen Sie keine Waren, die Verpackungsfehler aufweisen, sie könnten schon verdorben sein. Z. B. gilt für Dosen, bei denen sich Boden oder Deckel nach außen wölben, dass sich Botulismusbakterien darin befinden können, die schwere Vergiftungen auslösen.

Viele frische Zutaten lassen sich auch in größeren Mengen einkaufen und tiefkühlen (z. B. Butter, Brot, Kräuter, Gemüse, Obst, Wurzelwerk, Fischfilets und Fleisch). Beachten Sie die saisonalen und regionalen Angebote (☞ Saisonkalender Seite 120ff)).

Beim Kauf von tiefgekühltem, losem Mischgemüse sollten Sie die Packung zur Probe sanft schütteln.
Gemüse, das in der Packung aneinanderklebt und nicht mehr raschelt, ist ist vielleicht bereits angetaut gewesen und eventuell nicht mehr von bester Qualität.
Dieser Test funktioniert natürlich nur bei losem Stückgut, das ursprünglich einzeln gefroren wurde.
Schnee- und Saftspuren weisen ebenfalls auf die Unterbrechung der Kühlkette hin.

Wenn Sie tiefgefrorene Produkte kaufen, sollten Sie diese erst am Schluss des Einkaufs in den Warenkorb legen. Wickeln Sie Tiefkühlprodukte für den Transport in Zeitungspapier. Oder geben Sie sie in eine Kühltasche.

Sie müssen Tiefkühlprodukte sofort nach dem Einkauf in die Tiefkühltruhe bzw. das Tiefkühlfach legen, wenn Sie sie nicht gleich verwenden wollen.

Saisonkalender für Deutschland

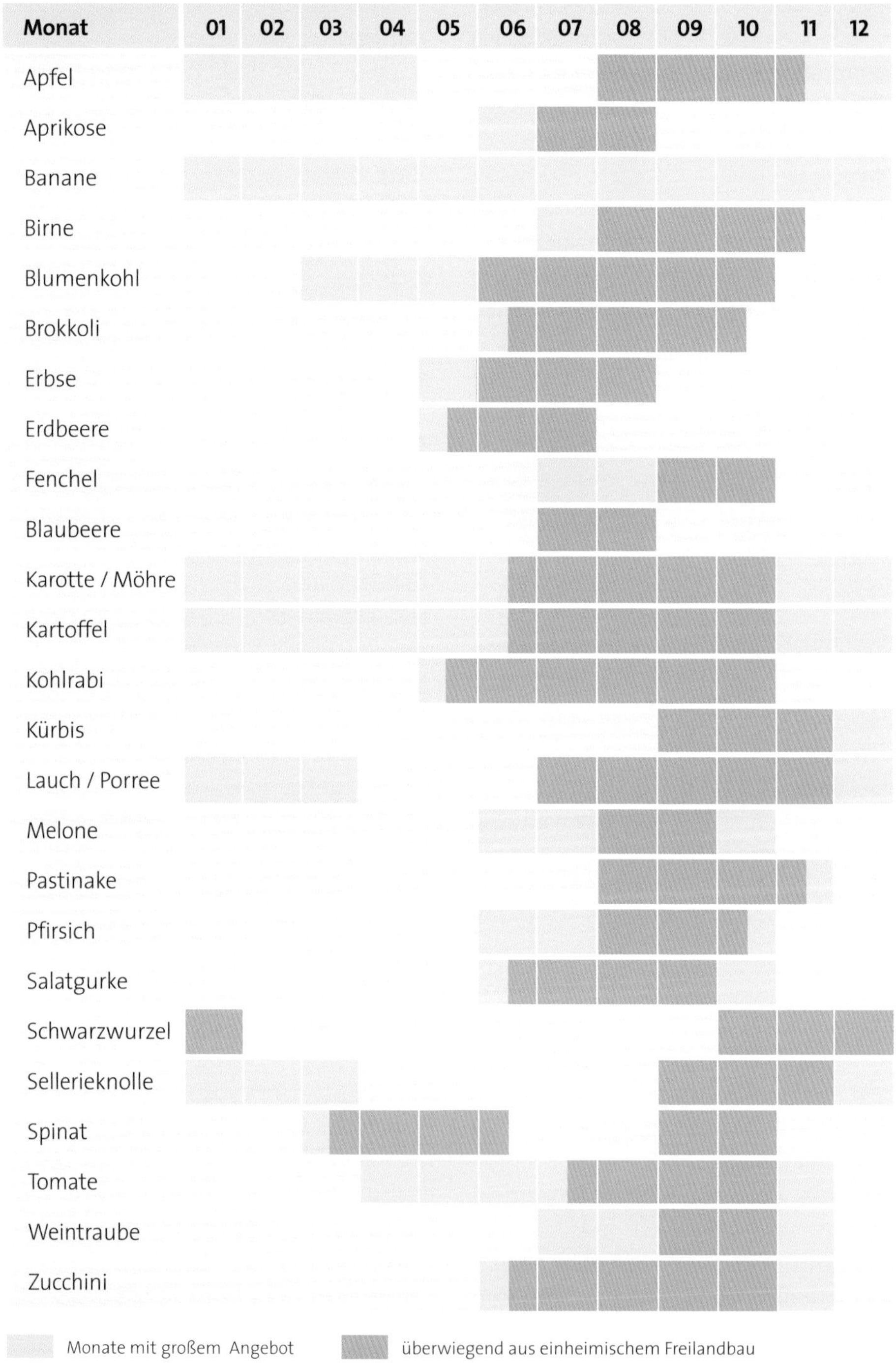

Monat	01	02	03	04	05	06	07	08	09	10	11	12
Apfel												
Aprikose												
Banane												
Birne												
Blumenkohl												
Brokkoli												
Erbse												
Erdbeere												
Fenchel												
Blaubeere												
Karotte / Möhre												
Kartoffel												
Kohlrabi												
Kürbis												
Lauch / Porree												
Melone												
Pastinake												
Pfirsich												
Salatgurke												
Schwarzwurzel												
Sellerieknolle												
Spinat												
Tomate												
Weintraube												
Zucchini												

Monate mit großem Angebot — überwiegend aus einheimischem Freilandbau

Quelle: nach aid infodienst, Deutschland

Saisonkalender für Österreich

Monat	01	02	03	04	05	06	07	08	09	10	11	12
Apfel												
Banane												
Birne												
Brokkoli												
Erbse												
Erdäpfel												
Erdbeere												
Fenchel												
Gurke												
Heidelbeere												
Karfiol												
Karotte												
Kohlrabi												
Kürbis												
Marille												
Melone												
Lauch												
Paradeiser												
Pastinake												
Pfirsich												
Schwarzwurzel												
Sellerie												
Spinat												
Weintraube												
Zucchini												

Lagerware reif in Österreich

Quelle: nach Bio-Info, Österreich

Saisonkalender für die Schweiz

Monat	01	02	03	04	05	06	07	08	09	10	11	12
Apfel	ab Lager	ab Lager	ab Lager	ab Lager	ab Lager	ab Lager / ½ frisch	frisch	frisch	frisch	frisch	ab Lager	ab Lager
Aprikose							frisch	frisch				
Banane	ab Lager	ab Lager	ab Lager	ab Lager	ab Lager	ab Lager	ab Lager	ab Lager	ab Lager	ab Lager	ab Lager	ab Lager
Birne	ab Lager	ab Lager	ab Lager	ab Lager	ab Lager	ab Lager / ½ frisch	frisch	frisch	frisch	frisch	ab Lager	ab Lager
Blumenkohl					½ frisch	frisch	frisch	frisch	frisch	frisch	frisch	
Brokkoli						frisch	frisch	frisch	frisch	frisch		
Erbse						frisch	frisch					
Erdbeere						frisch	frisch	frisch				
Fenchel					½ frisch	frisch	frisch	frisch	frisch	frisch		
Gurke					frisch	frisch	frisch	frisch	frisch	½ frisch		
Heidelbeere							frisch	frisch	½ frisch			
Karotte / Möhre	ab Lager	ab Lager	ab Lager		½ frisch	frisch	frisch	frisch	frisch	frisch	frisch	ab Lager
Kartoffel	ab Lager	ab Lager	ab Lager		½ frisch	frisch	frisch	frisch	frisch	frisch	ab Lager	ab Lager
Kohlrabi				½ frisch	frisch	frisch	frisch	frisch	frisch	frisch		
Kürbis	ab Lager	ab Lager						frisch	frisch	frisch	frisch	ab Lager
Lauch	frisch	frisch	frisch	frisch		frisch	frisch	frisch	frisch	frisch	frisch	frisch
Melone							frisch	frisch	frisch	frisch		
Pastinake	frisch	frisch	frisch							frisch	frisch	frisch
Pfirsich							frisch	frisch				
Schwarzwurzel	ab Lager	ab Lager	ab Lager							frisch	frisch	frisch
Sellerie	ab Lager	ab Lager	ab Lager	ab Lager					frisch	frisch	frisch	ab Lager
Spinat		frisch	frisch	frisch	frisch					frisch	frisch	
Tomate						frisch	frisch	frisch	frisch	frisch		
Weintraube									frisch	frisch		
Zucchetti					½ frisch	frisch	frisch	frisch	frisch	½ frisch		

ab Lager frisch

Quelle: nach Bio Suisse, Schweiz

Falls Sie nach dem Einkauf mehr als eine Stunde unterwegs sind, sollten Sie auch Fleisch, Fleischwaren und Milchprodukte in einer Kühltasche verstauen.

Kaufen Sie kein welk aussehendes Gemüse! Wenn Sie abgepacktes Obst oder Gemüse kaufen, schauen Sie nach, ob die Unterseite von Schimmel befallen ist!

Verschimmelte Lebensmittel gehören zur Gänze entsorgt, denn die „Wurzel" des Schimmels reicht viel tiefer in ein Lebensmittel hinein, als der sichtbare Teil vermuten lässt.

Verderbnis kann auch durch Schädlinge (z. B. Motten) entstehen. Die meisten Schädlinge werden von außen eingeschleppt.
Achten Sie beim Einkauf von Getreideerzeugnissen, Backzutaten, wie Nüssen, Rosinen oder Trockenfrüchte, sowie Gewürzen deshalb besonders auf Anzeichen von Schädlingsbefall.

Lebensmittel richtig lagern!

Haben Sie beim Einkauf qualitativ hochwertige Lebensmittel gefunden, gilt es nun, diese so schonend zu lagern, dass sie nicht verderben und möglichst viele Vitamine erhalten bleiben. Schlichten Sie neue Vorräte immer nach hinten ins Regal und verbrauchen Sie zuerst die älter Ware.

Lagern Sie Getreide, Getreideprodukte und Hülsenfrüchte bei Zimmertemperatur trocken und lichtgeschützt.
Füllen Sie Hirse, Buchweizen, Polenta (Maisgrieß) und sonstige Getreideprodukte in dicht schließende Behälter aus Glas, Metall oder Kunststoff um, da Papier- oder Folienverpackungen keinen ausreichenden Schutz vor Schädlingen bieten.

Wenn im Mehl Spinnfäden oder beim Blick in die Müslipackung versponnene Klumpen zu sehen sind, ist dies ein sicheres Zeichen für den Mottenbefall.
Von Schädlingen befallene Lebensmittel dürfen nicht mehr verzehrt werden, sie sollten auch nicht an Haustiere verfüttert werden. Verpacken Sie befallene Lebensmittel dicht und werfen Sie sie sofort weg!
Durchsuchen Sie den gesamten Vorratsschrank gründlich und reinigen Sie auch schwer zugängliche Ritzen und Ecken mit dem Staubsauger.

Kontrollieren Sie die Lebensmittel regelmäßig auf etwaigen Schädlingsbefall. Schädlinge bringen sehr häufig Krankheitserreger mit sich, die ☞ Lebensmittelvergiftungen und -infektionen verursachen können.

Lebensmittel und fertige Speisen müssen deshalb zu jeder Zeit vor Keimen, die durch Insekten, Nager und durch andere Tiere übertragen werden, geschützt werden.
Getreide und Getreideprodukte sind besonders gefährdet, aber praktisch alle Lebensmittel – außer Salz und reine Fette – können Schädlinge beherbergen.

Kleinere Mengen Gemüse lagern am besten im Gemüsefach des Kühlschrankes. Dadurch werden die Reifung und der Verderb von Gemüse oder Obst verzögert. Kälteempfindliche Gemüsearten (z. B. Paradeiser / Tomaten, Gurken / Salatgurken, Zucchini / Zucchetti) werden im Kühlschrank in der Gemüselade (mit luftdichter Verpackung) bei 5 bis 12 °C oder bei niedriger Raumtemperatur aufbewahrt.
Südfrüchte (z. B. Bananen, Zitrusfrüchte), Brot und Speiseöl gehören nicht in den Kühlschrank.

Unreife Gemüse- oder Obstsorten (z. B. Paradeiser / Tomaten, Avocados, Bananen), deren Reifung man vorantreiben möchte, können bei Raumtemperatur gelagert werden.
Sind Avocados noch sehr hart und unreif, dann kann man sie mit Bananen oder Äpfeln gemeinsam in Zeitungspapier wickeln, das beschleunigt den Reifungsprozess.
Lange lagerfähige Obstsorten und Gemüse (z. B. Äpfel, Wurzelgemüse, Kartoffeln und Zwiebel) werden am besten trocken, kühl (bei 8 bis 12 °C) und dunkel gelagert.
Wenn Sie einen feuchten Keller (Vorratskeller) besitzen, können Sie im Herbst größere Mengen Karotten (Möhren) oder Rüben in einer Kiste mit feuchtem Sand lagern, sie halten sich dadurch monatelang frisch.

Empfindliche Lebensmittel (Milchprodukte, Eier und Fleischwaren) und fertige Speisen sind für wenige Tage im Kühlschrank gut aufgehoben. Geben Sie jedes Lebensmittel dort an seinen richtigen Platz.
Legen Sie Geflügel, Fisch und Eier möglichst isoliert in den Kühlschrank, um die Gefahr einer ☞ Lebensmittelvergiftung (z. B. durch Salmonellen) zu verhindern!
Frischen Fisch sollten Sie nicht länger als 24 Stunden und max. bis +2 °C (im hinteren, eher unteren Bereich des Kühlschranks) aufbewahren.

Frischfleisch geben Sie am besten gleich nach dem Einkauf in einem verschließbaren Gefäß (z. B. aus Glas, Plastik oder Porzellan) in den kältesten Bereich des Kühlschranks (zwischen 0 °C und +4 °C).
Verarbeiten Sie Faschiertes (Hackfleisch, Gehacktes) unbedingt noch am gleichen Tag oder frieren Sie es tief.
Vakuumverpacktes Fleisch sollten Sie ca. 1 Stunde vor der Zubereitung aus der Folie nehmen und im Kühlschrank auslüften lassen, damit die Luft an die Zellen gelangen kann.
Fertige Speisen sollen nicht lange

> *Beim Tieffrieren eines Lebensmittels werden empfindliche Vitamine (z. B. Vitamin C) in einem Monat weniger stark abgebaut als bei eintägiger Aufbewahrung des Lebensmittels im Kühlschrank.*

warm gehalten werden. Will man sie längere Zeit aufbewahren, so sind sie möglichst rasch abzukühlen (Topf im kalten Wasserbad) und gekühlt max. 1 bis 2 Tage zu lagern.
Sie können über einen längeren Zeitraum bei - 18 °C tiefgefroren werden.

Lebensmittelhygiene zahlt sich aus!

Nicht nur in Großküchen führen Hygienefehler zur Vermehrung und Ausbreitung von Bakterien. Auch im Haushalt kann mangelnde Hygiene dazu führen, dass Lebensmittel vorzeitig verderben und in Folge Krankheiten verursachen.
Solche ☞ Lebensmittelvergiftungen (z. B. durch Campylobacter oder Salmonellen) stellen für Ihre Kinder nicht nur eine große Belastung dar, sondern führen manchmal auch dazu, dass Ihr Kind den Kindergarten (die Kita) oder die Vorschule für längere Zeit nicht besuchen darf. Ein Merkblatt zum Thema

„Lebensmittelvergiftungen im Kleinkindalter“ finden Sie im Internet unter www.hanreich-verlag.at.

Beherzigen Sie die folgenden Punkte und beugen Sie Lebensmittelvergiftungen vor:

• **Waschen Sie Geschirrtücher** in kurzen Zeitabständen bei heißen Temperaturen und wechseln Sie **Putzlappen und Schwämme** häufig. Verwenden Sie Papiertücher für die Reinigung stark verschmutzter Arbeitsflächen.

Benutzen Sie nur saubere und einwandfreie Bürsten und verwenden Sie eine eigene Gemüsebürste ausschließlich zur Reinigung von Lebensmitteln.

• **Reinigen Sie Maschinen, Arbeitsflächen und Messer** sofort nach Benutzung mit heißem Wasser und Reinigungsmittel, denn Lebensmittelreste und Verunreinigungen trocknen an und lassen sich dann nur schwer entfernen. Sie bilden unsichtbare Keimherde für Bakterien.

• **Waschen Sie sich** vor jeder Zubereitung und vor dem Essen **die Hände** mit warmem Wasser und mit Seife – vor allem nach dem Besuch der Toilette, nach dem Windelwechseln, nach Gartenarbeiten und nach Tierkontakten.

• Waschen Sie sich auch gründlich die Hände nach dem Naseputzen, wenn Sie verkühlt sind, und **vermeiden Sie es, auf Lebensmittel zu husten oder zu niesen.** Auch im Nasen- und Rachenbereich von gesunden Menschen finden sich Keime, die auf Speisen gelangen können.

• Haben Sie sich an den Händen verletzt, dann **decken Sie** die **Wunden** vor der Essenszubereitung am besten mit einem wasserdichten Pflaster oder einem Gummihandschuh **ab.**

• Verwenden Sie im Haushalt möglichst **Schneidbretter aus Kunststoff, Glas oder Stein** und erneuern Sie diese, wenn sie zerkratzt sind. Holzbretter sollten stets aus Hartholz sein, mit Essigreiniger gesäubert und immer gut getrocknet werden.
Holzbretter quellen bei der Aufnahme von Wasser und vorhandene Risse in Weichholzbrettern schließen sich. Bakterien können dabei eingeschlossen werden und so eine Reinigung schadlos überstehen. Wenn das Brett trocknet, öffnen sich die Risse, die Bakterien treten aus und gelangen so auf die Lebensmittel. **Machen Sie Holzbretter deshalb immer vor Gebrauch nass!**

• **Reinigen Sie Schneidbretter händisch mit Spülmittel, Bürste und heißem Wasser** oder in der Spülmaschine. **Verwenden Sie getrennte Schneidbretter und Utensilien** für rohe Fleischprodukte bzw. Fisch und für die übrigen Lebensmittel. Jegliche Küchengeräte sind nach dem Kontakt mit rohem Fleisch, Geflügel, rohen Eiern und Fisch sofort gründlich mit heißem Wasser und Reinigungsmittel zu waschen.

• **Reinigen Sie Ihren Kühlschrank mind. einmal pro Monat** und achten Sie darin auf eine Trennung von rohen und gekochten Lebensmitteln.

Je weniger Schadstoffe, desto besser!

Unsere Nahrung ist heutzutage viel stärker mit Schadstoffen belastet als früher. Schadstoffe lassen sich kaum ganz vermeiden, denn Luft und Wasser sind nicht mehr frei davon.
Jeder von uns sollte sich daher bemühen, Schadstoffe nicht nur auf unserer Erde, sondern auch in unserer Nahrung zu vermindern. Schließlich geht es um Leben und Gesundheit unserer Kinder.

Ungespritzten Lebensmitteln aus dem eigenen Garten oder vom Biobauern ist der Vorzug zu geben. Doch nicht jeder hat die finanziellen Mittel, um immer biologische Lebensmittel kaufen zu können. Deshalb folgen ein paar Tipps, die Sie auf jeden Fall einhalten sollten:

• Entfernen Sie Stielansätze (bei Tomaten, Paprika etc.) besonders sorgfältig! Hier sammeln sich Rückstände von Niederschlägen und Spritzmitteln.

• Schmutz und Schadstoffe (z. B. von Autoabgasen) befinden sich auf den unebenen äußeren Blättern von Salatköpfen oder Kohl. Verwenden Sie diese daher nicht, zumindest nicht für Kleinkinder!

• Raue, unebene Oberflächen von Obst und Gemüse lassen sich oft schwer reinigen. Im Zweifelsfall ist dünnes Schälen unvermeidlich – dünn deshalb, weil unter der Schale wertvolle Vitamine und Mineralstoffe vorhanden sind.

Vitaminschonend verarbeiten!

Wertvolle wasserlösliche Vitamine und Mineralstoffe werden im Wasser ausgelaugt und gehen so verloren. Deshalb sollen Gemüse und Obst weder in Wasser „eingeweicht“ noch unnötig lang unter dem Wasserhahn geschrubbt werden.
Dies sollten Sie speziell dann unterlassen, wenn das Gemüse bzw. die Früchte bereits zerkleinert wurden. An den Schnittflächen können nämlich die wertvollen Inhaltsstoffe entweichen. Waschen Sie deshalb kurz, aber gründlich, bevor Sie die Lebensmittel zerkleinern.
Nehmen Sie eine ausschließlich für diesen Zweck reservierte Bürste zu Hilfe! Dadurch können Sie oberflächlich anhaftende Schadstoffe und Spritzmittelrückstände ohne allzu großen Vitaminverlust entfernen.

Nach dem Zerkleinern: Essig oder Zitrone!

Zum Schutz der Vitamine vor dem Sauerstoff der Luft sollten Sie zerkleinerte Rohkost, geschnittenes Obst und zerteilten Salat mit Zitronensaft oder

Essigwasser beträufeln. Die darin enthaltene Säure schützt die Lebensmittel davor braun zu werden und erhält das wichtige Vitamin C. Dies ist vor allem bei etwas länger vorbereiteten Apfelspalten oder Avocadoaufstrich wichtig.

Kochwasser: So viel wie nötig, so wenig wie möglich!

Gemüse verliert mehr Vitamine und Mineralstoffe, wenn Sie es in viel Wasser kochen. Sie können einen Großteil der Mineralstoffe „retten", wenn Sie das Kochwasser als Suppen-/Brühenbasis verwenden (☞ Cremesuppe, in unseren *Pfiffigen Rezepten*).
Sollte dies jedoch nicht möglich sein, so ist Dämpfen angebracht. Im Dampf gegartes Gemüse behält zudem eher seine Farbe.
Dabei wird nur ca. 1 cm hoch Wasser in den Topf gegeben und dieser mit einem Deckel verschlossen. Sobald das Wasser erwärmt ist, wird das Lebensmittel in den Topf gelegt.
Verwenden Sie dabei möglichst einen Gitterrost als Einsatz, damit keine Vitamine ausgelaugt werden können. Auch für den Wok gibt es spezielle Dampfaufsätze, in denen Gemüse und Teigtaschen gedämpft werden können.
Ähnlich hilfreich ist ein Dampfgarer, in dem schonend zubereitet werden kann. Sein Vorteil liegt vor allem darin, dass gleichzeitig verschiedenste Lebensmittel gedämpft werden können, die alle ihren eigenen Geschmack und Geruch behalten.

Vollkorngetreide braucht mehr Flüssigkeit!

Für viele ist das Kochen mit Vollkorngetreide ungewohnt. Prinzipiell lassen sich alle unsere Rezepte auch mit herkömmlichem Weizenmehl oder -grieß kochen. Vollkorn enthält jedoch mehr an verdauungsfördernden Ballaststoffen und hält länger satt.
Besonders wenn Kinder zu Übergewicht neigen, sollte auf Vollkornmehl umgestiegen werden. Selbst gemahlenes Vollkornmehl braucht etwas mehr Flüssigkeit zum Quellen als abgepacktes, feinst vermahlenes Mehl aus dem Supermarkt.
Geben Sie daher immer einen Extra-Esslöffel Wasser zu diesen Teigen.

Wenn Sie Vollkorngetreide (z. B. Hirse, Grünkern, Reis) kochen, empfiehlt es sich, zuerst das Getreide über die Hand rieseln zu lassen, um eventuell vorhandene Steinchen herausfischen zu können. Danach sollte kurz gewaschen werden, um den Staub zu entfernen.

Beim Kochen von Getreide lassen sich alle Arten von „Restwärme" gut nutzen. Nach kurzem Aufkochen kann man das Getreide im verschlossenen Topf entweder auf der abgeschaltenen, herkömmlichen Elektro-Herdplatte oder im Backrohr nachquellen lassen.

Früher wurden diese Getreidetöpfe in eine sogenannte „Kochkiste" (eine gut isolierte Holzkiste) gestellt oder in Tücher gewickelt unter der Tuchent (einem Federbett) warm gehalten. Manche Naturköche und -köchinnen schwören auch heute noch auf diese Methode, weil das Getreide so weder anbrennen noch harte Ränder bekommen kann und Energie gespart wird.

Deckel drauf – spart Energie!

Ohne Deckel zu kochen verbraucht ca. dreimal so viel Strom wie das Garen mit Deckel. Außerdem dauert es ohne Deckel viel länger, bis das Essen fertig ist. Schon ein wenige Zentimeter offen gelassener Topf verbraucht die doppelte Menge an Energie als ein Topf mit geschlossenem Deckel.
Zu große Töpfe, die unnötigerweise erhitzt werden, sind ebenso „Energiefresser“ wie Töpfe, deren Boden kleiner ist als die Herdplatte, sodass „vorbeigeheizt“ wird. Bei Elektroherden spielt auch der Topfboden eine wichtige Rolle. Alte, unebene Töpfe verbrauchen ca. 50 % mehr an Energie.

Achten Sie daher auf die richtige Größe und eine gute Qualität bei Töpfen bzw. Pfannen. Verwenden Sie – außer bei der Zubereitung von Teigwaren, von klarer Rindsuppe und von Knödeln (Klößen) – immer einen Deckel!

Eine weitere Maßnahme, um Energie zu sparen, ist das Backen „im nicht vorgeheizten Backrohr (Backofen)“.
Die einzige Ausnahme ist das Biskuit. Biskuitteig gehört immer in ein vorgeheiztes Backrohr! Bei unseren Rezep-

ten haben wir die **Temperatur für die Betriebsart Ober- und Unterhitze** angegeben.

Falls Sie Heißluft verwenden, rechnen Sie ungefähr 20 °C ab. Machen Sie immer eine Garprobe, denn jeder Herd ist ein bisschen anders.

Kurz und knackig – auf die Garzeit kommt es an!

Viele Speisen erhalten erst durch das Erhitzen ihren speziellen Geschmack. Einige Lebensmittel (z. B. Kartoffel, Holunder / Holler) sind in rohem Zustand sogar ungenießbar oder giftig.

So positiv der Einfluss von Hitze bei der Zerstörung von Giften und bei der Aufschlüsselung der Nährstoffe ist, starkes Erhitzen hat auch einen großen Nachteil.
Viele Vitamine sind nicht hitzestabil, sie verflüchtigen sich oder zerfallen in ihre Bestandteile.

Einerseits muss deshalb täglich ein Angebot an (fein geriebener) Rohkost, an Obst und Salat eingeplant werden. Andererseits sollten Sie beim Kochen darauf achten, keinesfalls über den Zeitpunkt, an dem das Lebensmittel gar ist, hinaus zu kochen.
Zwar muss für kleinere Kinder das Gemüse weich gegart sein, aber schon im 2. Lebensjahr können viele Kinder bissfestes Gemüse und Nudeln „al dente" genießen.

Die Garzeit exakt einzuhalten erfordert ein gewisses Maß an Übung. Zeitschaltuhren und Küchenwecker sind dabei gute Hilfsmittel.
Am besten notieren Sie sich in einem Notizbuch oder direkt zu den Rezepten, wie lange Sie die Zutaten bzw. Speisen gekocht bzw. gedämpft haben und wie das Ergebnis war.
Sind beispielsweise die Kartoffeln im Druckkochtopf bei 7 Minuten Garzeit zu hart geblieben, erhöhen Sie die Kochzeit um ca. 1 Minute.
Zeitangaben in Kochbüchern können immer nur Richtwerte sein, da die Garzeit von vielen Faktoren abhängt. Sie variiert zwischen Elektroherd und Gasherd. Aber auch Größe und Sorte der Kartoffeln spielen eine Rolle.

Auch brauchen sie länger, wenn sie in einer Schihütte hoch oben auf den Bergen gekocht werden, denn im „Flachland" ist der Luftdruck und somit der Siedepunkt höher, daher werden Lebensmittel schneller gar.

Garen mit Dampf und Druck

Das Garen im Dampfdruckkochtopf oder im Druck-Dampfgarer erspart Zeit und Energie. Es werden dabei Temperaturen über 100 °C erreicht und die Garzeit verkürzt sich dementsprechend.
Der Vitaminverlust liegt ähnlich hoch wie beim Dämpfen ohne Druck über einen längeren Zeitraum.
Kochen Sie allerdings im Druckkoch-

topf nur eine halbe Minute zu lange, wirkt sich das bei den dort herrschenden, hohen Temperaturen bereits bedeutend negativer aus.
Beachten Sie beim Druckkochen auch, dass bei mehreren Lagen Gargutes (z. B. bei Kartoffeln) übereinander die unterste Schicht am schnellsten gar gekocht ist.

Im Dampfkochtopf also immer: Große Kartoffeln nach unten, kleine nach oben legen!

Mikrowelle: ja oder nein?

Das Thema Mikrowelle sorgt immer wieder für Diskussionen. Einerseits gehen die Zubereitung und auch das Auftauen in der Mikrowelle rasch, sind vitaminschonend und energiesparend, andererseits bleibt eine gewisse Skepsis gegenüber dieser Methode.

Sollten Sie die Mikrowelle für die Zubereitung der Familienkost einsetzen wollen, so muss Folgendes beachtet werden:
Es können im Lebensmittel Hitze- und Kältezentren entstehen. Achten Sie deshalb darauf, die aufgetauten oder erwärmten Speisen vor dem Essen umzurühren, damit sich Ihr Kind nicht daran verbrennt.

Ein weiterer Nachteil der unregelmäßigen Erwärmung ist, dass sich Bakterien dort vermehren können, wo das Lebensmittel nicht lang und hoch genug erhitzt ist. Speisen müssen daher auch zwischendurch umgerührt oder gewendet werden. Bei einigen Lebensmitteln und Speisen (z. B. Brot, Aufläufen) und nach Ablauf der Garzeit ist eine gewisse Stehzeit vor dem Servieren nötig, damit sich die Wärme gleichmäßiger verteilen kann.

Fett einsparen!

Etwa ab dem 18. Lebensmonat nehmen manche Kinder stark an Gewicht zu. Plötzlich ist (fast) alles erlaubt, was die Erwachsenen essen. Späteres Übergewicht kann hier seine Wurzeln haben! Hauptschuld daran tragen viele fettreiche Speisen.
Folgende Tipps helfen, Fett zu sparen:

• Backen Sie Kartoffeln oder Pommes im Rohr (☞ *„Pfiffige Rezepte für kleine und große Leute“*), statt sie in viel Öl zu frittieren!

• Beim Anbraten oder Zubereiten von Palatschinken (Pfannkuchen) können Sie Fett sparen, wenn Sie das Öl für die Pfanne mit einem Teelöffel abmessen oder mit einem Naturhaarpinsel bzw. einer Sprühflasche auftragen.

• Wenn Sie ab und zu herausbacken oder frittieren wollen (maximal einmal pro Monat!), so lassen Sie die Lebensmittel danach kurz auf einem Gitter oder auf Papier abtropfen!

• Bei fettreichen Suppen (Brühen) sollten Sie die „Fettaugen" abschöpfen oder mit Hilfe von saugfähigem Papier abheben (☞ „Bouillon", *Pfiffige Rez.*).

Beim Bräunungsvorgang infolge Backens oder Bratens entsteht das wasserlösliche Acrylamid, das im Tierversuch krebserregend wirkte. Einspartipps finden Sie in unserem Merkblatt „Acrylamid in Chips, Keksen und Co" (www.hanreich-verlag.at).

Sparsam würzen!

Würzen Sie Speisen für Kleinkinder lieber mit frischen Kräutern (Petersilie, Schnittlauch, Dille, Bärlauch, Basilikum, Kresse, Kerbel, Majoran u. a.) als mit Salz und Pfeffer.
An einem Kräuterkistchen am Küchenfenster können ältere Kleinkinder hautnah erleben, wie die Kräuter wachsen, und beim Säen, Gießen und Ernten mithelfen.
So ist Ihre Küche immer gut versorgt! Ihr Kind erhält aus den frischen Kräutern Vitamine und Wirkstoffe, die die Abwehrkraft steigern.

Salz und scharfe Gewürze in größeren Mengen sind für Kleinkinder nicht geeignet. Sie können die Niere belasten und manchmal einen wunden Popo verursachen. Manche Vorschulkinder vertragen diese Gewürze jedoch gut.

Selbstverständlich können Sie die Speisen auf Ihrem eigenen Teller nachwürzen bzw. nach dem Beiseitegeben der Kinderportionen den Rest der Speise nach Ihrem Belieben abschmecken.
Unmengen an Salz sollten aber auch Sie in Ihrer Nahrung nicht verwenden. Zu viel Salz kann bei sensitiven Personen zu Bluthochdruck führen.

Nicht zu heiß und nicht zu kalt!

Oft werden Speisen – weil die Zeit oder der Hunger drängt – brennheiß auf den Tisch gestellt.
Dann sollten Sie jedoch warten, bis diese auf angenehme Esstemperatur abgekühlt sind, denn Kinder könnten sich sonst Verbrennungen im Mundraum zuziehen.
Außerdem werden die Geschmacksnerven davon beeinträchtigt, so dass der Geschmack und die Würze nicht mehr gut zur Geltung kommen. Zu heißes Essen schädigt auch die Zähne und die Schleimhaut des Magens.

Ähnliches gilt für zu kalte Speisen, z. B. Speiseeis direkt aus der Tiefkühltruhe oder Joghurt aus zu kühlen Kühlschrankfächern.

(Halb)rohe tierische Lebensmittel meiden!

Prinzipiell sollten Sie darauf achten, dass Ihre Kinder keine halbrohen bzw.

rohen tierischen Produkte essen. Sie sind häufig Ursache für ☞ Lebensmittelvergiftungen, die im Kindesalter besonders schwer verlaufen können.
Bieten Sie daher Fleisch und Geflügel nur gut durchgebraten oder gut gegrillt an. **Dabei müssen alle Teile über 10 Minuten lang eine Temperatur von 70 bis 80 °C erreichen.**

Gebratenes Hühnerfleisch, das am Knochen noch rötlich ist, **unbedingt wieder in den Ofen stellen, bis es gar ist!** Wenn sie es anstechen, sollte der austretende Saft glasig statt rötlich sein.
Auch gebratenes Faschiertes (Hackfleisch, Gehacktes) darf auf keinen Fall beim Verzehr innen noch rosa sein. Zur Sicherheit können Sie für große Stücke ein Bratenthermometer verwenden, das die Kerntemperatur von Fleisch und Geflügel misst. So können Sie sichergehen, dass das Fleisch ganz durchgegart ist.

Garen Sie Fisch so lange, bis er undurchsichtig ist und sich mit einer Gabel leicht in Schichten zerteilen lässt. Sushi und rohe, marinierte Fische sind im Kleinkindalter nicht geeignet.

(Halb)rohe Eier sind vor allem hinsichtlich der Salmonellen eine große Gefahr. Braten Sie Eierspeise (Omelette) und Spiegelei immer durch. Und achten Sie auch darauf, dass Spiegelei auf Pizzen und sonstigen Gerichten, die in Restaurants serviert werden, gut durchgebraten sind.

Frühstückseier sollen mindestens 5 bis 6 Minuten gekocht werden.

Verwenden Sie für Kleinkinder keine selbstgemachte Mayonnaise! Und verwöhnen Sie lieber mit „Inges Apfeltiramisu" aus dem Buch *„Coole Rezepte für zwischendurch"* (☞ „Unsere Bücher") statt mit einem Tiramisu aus rohen Eiern. Lassen Sie Ihre Kinder auch nicht von Kuchenteig kosten, der rohe Eier enthält.
Selbst Milch und Milchprodukte sollen Kindern in den ersten 6 Lebensjahren nicht roh angeboten werden.
Pasteurisierte Produkte sind unbedenklich, in Rohmilch hingegen finden sich immer häufiger spezielle Bakterien (sogenannte „Ehec"), die im Kleinkindalter zu Nierenversagen führen können!
Daher ist Rohmilchkäse bzw. unerhitzte Milch direkt vom Bauernhof für Kleinkinder nicht geeignet. Kochen Sie rohe Milch immer ab!

Als Faustregel gilt:
Die Speisen eine Stunde auf dem Herd oder im Backrohr (Backofen) warm zu halten führt zu höheren Vitaminverlusten als dieselbe Speise einen ganzen Tag im Kühlschrank aufzubewahren oder einen Monat tiefzukühlen.

Warmhalten vermeiden!

Zum Warmhalten von Speisen ist eine Temperatur von mindestens 65 °C erforderlich. Werden Gerichte bei Zimmertemperatur stundenlang stehen gelassen, führt das häufig zu ☞ Lebensmittelvergiftungen.
Empfindliche Vitamine in einer Speise werden bei hoher Temperatur deutlich schneller zerstört. Auch deshalb sollen fertige Speisen möglichst nicht warm gehalten, sondern sofort gegessen werden. Das gilt besonders für Kindernahrung!
Manchmal müssen verschiedene Familienmitglieder eine Mahlzeit zu unterschiedlichen Zeiten einnehmen. Beträgt der Zeitabstand mehr als eine Stunde, empfiehlt es sich, die Speisen zwischendurch im Wasserbad zu kühlen, später im Kühlschrank aufzubewahren und wieder zu erwärmen.

Achten Sie beim Wiedererwärmen auf ausreichend Temperatur, damit Bakterien sich nicht vermehren!

Auftauzeit kurz halten!

Gekühlte und tiefgekühlte Speisen sollen erst knapp vor dem Verzehr möglichst rasch aufgetaut und erwärmt werden.
Sie können Tiefkühlgemüse direkt durch Anrösten im Topf oder in der Pfanne auftauen.

Tiefgekühltes Brot oder eingefrorene Weckerln (längliche Brötchen, z. B. für Engpässe am Wochenende) werden am besten im Rohr aufgebacken oder bei Zimmertemperatur aufgetaut. Bitte vermeiden Sie sonst das Auftauen von Speisen bei Zimmertemperatur oder im lauwarmen Wasserbecken, weil es hygienisch sehr bedenklich ist.

Bakterien, die bereits vorher im Lebensmittel waren, können sich bei diesem Anwärmen gut vermehren und eventuell eine ☞ Lebensmittelvergiftung verursachen.

Lassen Sie Geflügel und Fleisch im Kühlschrank auftauen. Entfernen Sie dazu die Verpackung, legen Sie das Teilstück in ein Gefäß (am besten auf einen Siebeinsatz) und stellen Sie dieses abgedeckt in den Kühlschrank.
Entfernen Sie die Auftauflüssigkeit sorgfältig und vermeiden Sie deren Kontakt mit anderen Speisen, vor allem mit Salat oder mit bereits fertigen Gerichten.

Das Erwärmen im Dampfgarer oder Umluftherd bei gleichzeitiger Zubereitung ist schonender für die Vitamine als langsames Auftauen im Kühlschrank.

WAS TUN, WENN ...

... mein Kind nicht essen mag?

Viele Anfragen von Eltern kreisen um das Thema Essensverweigerung. Vor allem, wenn das Kind zu dünn ist oder nicht sehr widerstandsfähig gegen Krankheiten erscheint, verursacht ein kaum beachteter Teller oft große Sorgen. Neben der Möglichkeit, die Wünsche des Kindes bei der gemeinsamen Wochenplanung zu berücksichtigen, finden Sie bereits im Kapitel *„Was, wenn mein Kind Gemüse ablehnt?“* Hinweise (☞ Seite 44).

Zuallererst sollten Sie versuchen herauszufinden, aus welchem Grund Ihr Kind das Essen verweigert. Ist es außergewöhnlich, dass Ihr Kind nicht isst, dann kann eine Erkrankung die Ursache sein.

Das Kind nimmt deshalb instinktiv gar nichts oder nur wenig einer einzelnen Beilage (Reis, Teigwaren, Brot) zu sich, um den Darm und den Stoffwechsel zu entlasten. Komplexere Speisen, z. B. Gemüseaufläufe oder die Saucen zu Teigwaren, werden dann oft mit Nachdruck abgelehnt.

Kinder, die an einer Unverträglichkeit oder Allergie leiden, meiden oft unbewusst das auslösende Nahrungsmittel, auch wenn es sich in einem Gericht verbirgt. Manchmal allerdings zählt gerade dieses zu den Lieblingsspeisen und das Kind scheint fast süchtig danach zu sein.

Geschmäcker sind verschieden! Vielleicht ist in der abgelehnten Speise etwas enthalten, z. B. ein Gewürz, das Ihrem Kind nicht schmeckt. Bisweilen ist es allein der Geruch einer ungeliebten Zutat, der den Appetit verdirbt. Es kann sogar der Geruch vom Nachbartisch oder das Rauchen am Nebentisch die Lust am Essen vertreiben!

Vereinzelt reagieren Kinder auch auf Bezeichnungen ablehnend. Wer mag schon Hasenbraten essen, wenn die Häschen im Bilderbuch so niedlich sind? Oder das Kind lehnt Schweinefleisch ab, wenn es Wollschweine liebt. Mit kindlicher Fantasie mag manches auch bedrohlich klingen.

Die Ursache für das muffelige Essverhalten kann aber auch schlichtweg darin liegen, **dass das Kind nicht hungrig ist.** War die letzte Mahlzeit überreichlich? Hat das Kind vielleicht kurz davor viel Süßes gegessen? Hat es gerade süße Getränke oder Milch getrunken? Auch wenn der Magen gerade mit Wasser voll ist, kann der Hunger gedämpft sein.

Ist Ihr Kind sehr sensibel, dann **reagiert** es möglicherweise **auf Stress** damit, dass „die Kehle wie zugeschnürt ist“. Der Auslöser kann jede Art von Belastungssituation sein – Angst vor neuen Situationen im Kindergarten, hektische Atmosphäre, nachwirkende Albtraumbilder, Fernsehnachrichten, unangenehme Diskussionen beim Essen, Gewissensbisse ... Versuchen Sie sich in die Kinderseele hineinzuversetzen und **verursachen Sie keinen zusätzlichen Druck,** indem Sie allzu massiv zum Aufessen anhalten!

Probleme pflegen auch aufzutreten, wenn das Kind in unterschiedlichen Haushalten versorgt wird. Doch Kinder lernen, von einer „Welt" in die andere zu wechseln, wenn die jeweiligen „Spielregeln" klar fixiert sind. Es ist eine Gratwanderung, die Fingerspitzengefühl braucht, in der Ernährungserziehung das richtige Maß zu finden. Der „perfekte Weg" existiert jedoch nicht.

Eltern versuchen manchmal, Prinzipien ausnahmslos durchzusetzen, um das Kind nicht zu verziehen. Zu sehr fürchten sie, die schlechten Manieren anderer Kinder könnten auch bei ihren Kleinen zu Tage treten. Wenn Eltern zu strikt versuchen, Kindern Tischmanieren beizubringen, kann das durchaus Stress verursachen.

Behalten Sie im Gedächtnis, auf welcher Entwicklungsstufe sich Ihr Kind befindet. Auch wenn die Kunst, selbst mit dem Löffel zu essen, gerade erfolgreich gelernt wurde, erleichtert es Kinder, ab und zu mit den Händen zugreifen zu dürfen. **Verlangen Sie also nicht sofort Perfektion,** noch ist kein Meister vom Himmel gefallen! Selbst wenn die Geduld oft auf die Probe gestellt wird, bedenken Sie, **Zwang ist in der Regel kontraproduktiv.** Dann kann es – nicht nur in der Trotzphase – zu einem Kampf „Wille gegen Wille" kommen, der auf beiden Seiten unnötig belastet. Mit etwas Gelassenheit werden Sie feststellen, dass es sich in vielen Fällen um eine vorübergehende Phase handelt. Die Ruhe, die Sie ausstrahlen, hilft Ihrem Kind gewöhnlich über die kritische Situation hinweg und bietet Rückhalt.

Das Beharren darauf, den Teller ganz zu leeren, mag nach dem Krieg überlebenswichtig gewesen sein. In Zeiten des Überangebotes ist es sicher nicht sinnvoll, zum Aufessen zu zwingen, wenn das Kind wirklich keinen Hunger mehr hat.

Besser ist es, dem Kind dabei zu helfen selbst abzuschätzen, wie groß der eigene Hunger tatsächlich ist, indem Sie kleine, kindgerechte Portionen bereithalten, die bei Bedarf nachgenommen werden können. Beispielsweise eignen sich kleine Knödelchen (Bällchen) für Kinder besser als ein großer Knödel, der schon von vornherein für Kinderaugen unbewältigbar erscheint.

Nicht alle Kinder können normale Portionen auf einmal essen. Sei es, weil der Magen eine große Hauptmahlzeit nicht bewältigen kann, sei es, dass das Stillsitzen bei Tisch einfach zu schwer fällt.

Dann müssen Sie die Mahlzeiten auf kleinere Happen verteilen und mehr als zwei Zwischenmahlzeiten anbieten.

Sind viele Familienmitglieder rastlose und quirlige Typen, die bei jeder Mahlzeit 5 Nebenbeschäftigungen nachgehen, lässt sich das Kind vermutlich bald ebenso leicht ablenken. Kein Wunder, wenn dann Spielsachen, vorbeifliegende Schmetterlinge und alle anderen Dinge interessanter sind als die Speisen auf dem Teller.

Dann gilt es, **Fantasie zu entwickeln, wie die Konzentration der Familie auf die Mahlzeiten gerichtet werden kann.** Hier bewährt es sich, Kinder bei der Zubereitung der Speisen mithelfen zu lassen. Dadurch rückt die Nahrung in den Mittelpunkt ihrer Aufmerksamkeit und wird voll Stolz gegessen bzw. serviert. Manchmal hilft es auch, dem Kind zwischen 2 – 3 Möglichkeiten die Wahl zu lassen. **Selbst gewählte Gerichte stehen zu lassen fällt schwerer.**

Einer meiner Freundinnen gelang es, ihre aufgeweckte Tochter zum Essen zu bringen, indem sie ihr zeitweise bewusst keinen Teller hinstellte, sondern sie **vom eigenen mitnaschen** ließ. Das hatte den positiven Nebeneffekt, dass das Kind von unbekannten Gerichten kleine Mengen kosten konnte, ohne gleich vor einem vollen Teller einer „neuen“ Speise zu sitzen. Manche Kinder brauchen dazu die Geborgenheit der vertrauten, um sie gelegten Arme. Die Zeit der Selbstständigkeit und Unabhängigkeit und kommt danach sicher (wieder).

Eine Freundin verwendete den Trick, ihre Kinder aufzufordern aufzuessen, damit der Hund nichts stibitze – und es funktionierte! Wenn die „vorübergehende Phase der ungeleerten Teller“ allerdings schon 5 Monate dauert, wie letztlich eine ziemlich verzweifelte Mutter anmerkte, dann können Sie evtl. den Speisen **appetitanregende** Gewürze (Anis, Kümmel) beimengen oder spezielle Teemischungen anbieten. Nähere Informationen dazu erhalten Sie in Ihrer Apotheke. Ziehen Sie auch eine Kinderärztin zu Rate.

Körpergröße und -gewicht in der Kindheit

Zum Gebrauch der Tabelle: Bei Kindern hängt das Körpergewicht von der Körpergröße ab. Gehen Sie von der Körpergröße des Kindes aus, und vergleichen Sie das Gewicht mit dem in der Tabelle angegebenen Normalbereich. Wenn das Gewicht Ihres Kindes außerhalb des Normalbereiches liegt, sollten Sie mit der Ärztin bzw. einer Ernährungsfachkraft über mögliche Ursachen und notwendige Maßnahmen sprechen. Ziehen Sie jedoch umgehend eine Ärztin zu Rate, wenn Ihr Kind rasch Gewicht verliert!

Mädchen

Alter in Jahren (abgeschlossenes Lebensjahr)	**Körpergröße in cm**	**Durchschnittliches Gewicht in kg**	**Normalbereich Gewicht in kg**
1	75 ± 6	9,3	7,4 – 11,2
2	89 ± 7	12,2	9,8 – 14,6
3	96 ± 7	14,5	11,6 – 17,4
4	103 ± 8	16,6	13,3 – 19,9
5	111 ± 9	19,0	15,2 – 22,8
6	117 ± 9	21,0	16,8 – 25,2

nach: Reinken L., Stolley H., Droese W. (1980), Monatsschr. Kinderheilkunde 128: 662 – 667

Buben

Alter in Jahren (abgeschlossenes Lebensjahr)	**Körpergröße in cm**	**Durchschnittliches Gewicht in kg**	**Normalbereich Gewicht in kg**
1	77 ± 6	10,3	8,2 – 12,4
2	89 ± 6	12,8	10,2 – 15,4
3	97 ± 7	14,9	11,9 – 17,9
4	104 ± 8	16,8	13,4 – 20,2
5	111 ± 8	19,1	15,3 – 22,9
6	117 ± 9	21,1	17,0 – 25,4

nach: Reinken L., Stolley H., Droese W. (1980), Monatsschr. Kinderheilkunde 128: 662 – 667

... mein Kind zu dünn ist?

Nach dem Säuglingsalter streckt sich der Körper, gleichzeitig erfolgt die Gewichtszunahme langsamer als in den Monaten davor und das Kind sieht schlanker aus. Manche Kinder machen derart viel Bewegung, dass sie die meiste durch die Nahrung aufgenommene Energie dafür verbrauchen.

Andere haben einen so feinen Körperbau, dass sie dünn wirken. Oft befürchten Eltern dann unbegründet, dass ihr Kind zu wenig esse. Schreiben Sie eine Woche lang genau auf, was Ihr Kind gegessen hat, um einen guten Überblick zu bekommen. Beherzigen Sie die Hinweise aus dem vorigen Kapitel, wenn Ihr Kind ein „schlechter Esser" bzw. eine „schwache Esserin" ist!

Wenn Sie vermuten, dass Ihr Kind zu dünn sei, sollten Sie auf jeden Fall Ihre Kinderärztin zu Rate ziehen. Er wird anhand einer Untersuchung und mittels der „Perzentilen" (☞ *„Was tun, wenn mein Kind zu dick ist?")* den Handlungsbedarf feststellen. Ist die Ärztin der Ansicht, dass Sie energiereichere Nahrung anbieten sollten, dann können Sie mit folgenden Tricks ein paar Extrakalorien auf den Teller bringen:

- Bieten Sie Milch und Joghurt mit natürlichem Fettgehalt (3,5 – 3,8 %) an. Verwenden Sie Sauermilch (3,6 %) statt Buttermilch. Beim Käse darf es dann auch gerne die Vollfett- oder Doppelrahmstufe sein.

- Bieten Sie ab und zu Gemüse-Cremesuppen oder Rohkost an, die mit etwas Rahm (Sahne) verfeinert werden. Ihr Kind braucht auch die Vitamine und Mineralstoffe aus dem Gemüse.

- Dip-Saucen für Gemüsestäbchen lassen sich ebenfalls wahlweise kalorienreicher zubereiten. Erhöhen Sie einfach den Rahmanteil.

- Nüsse und Trockenfrüchte, die dem Alter des Kindes entsprechend fein gehackt werden, können zum Anreichern von Cornflakes und Müsli verwendet werden. Auch Nusskuchen und Trockenfrüchte zum Knabbern erhöhen die Energiezufuhr.

Diese Maßnahmen sollten zu einer Gewichtszunahme Ihres Kindes führen. Ist dies nicht der Fall, so kontaktieren Sie bitte die Ärztin.
Nimmt Ihr Kind jedoch erfolgreich zu, so vergessen Sie bitte nicht, den Gebrauch von Mayonnaise, Rahm (Sahne) und Doppelrahmkäse sowie von Nüssen und Trockenfrüchten im rechten Maß zu halten, damit es in weiterer Folge nicht zu Übergewicht kommt!

... mein Kind zu dick ist?

Im 1. Lebensjahr ist Ihr Kind sowohl in die Länge als auch in die Breite gewachsen. Bis zum 5. Lebensjahr wächst es nun langsamer. Dadurch wirken manche Kinder zwischen den Wachstumsschüben zeitweise pummeliger.

Andererseits wird Babyspeck, der im Kleinkindalter im Übermaß angelegt wird, oft bis ins Erwachsenenalter mitgeschleppt. Daher soll zwar nicht jede Fettreserve in Panik versetzen, aber ein über den Gewichtsangaben (☞ Seite 122) liegendes Gewicht auch nicht unbeachtet bleiben.

Die Angabe der normalen Bandbreite erfolgt oft in sogenannten „Perzentilen". Der normale Gewichtsbereich reicht von der 3. bis zur 97. Perzentile, wobei die 50. Perzentile den Scheitelpunkt der Häufigkeit angibt – also bedeutet, dass etwa die Hälfte der Kinder ein höheres Gewicht, die andere Hälfte exakt den Messwert oder ein Gewicht darunter aufweist.

Liegt Ihr Kind mit seinem Körpergewicht über der 97. Perzentile, sind also mindestens 97 % der gesunden Kinder „schlanker" als es selbst, dann kann die Ursache entweder ein untersetzter Körperbau oder Übergewicht sein. Es empfiehlt sich auf jeden Fall ein Gespräch mit der Kinderärztin, wenn Sie befürchten, dass Ihr Kind zu dick sei!

Ob ein Kind von zarter Statur oder eher stämmig ist, ist primär Vererbungssache. Doch hat auch das Ernährungsverhalten der Eltern einen Einfluss. Bereits ab dem 18. Lebensmonat ist (fast) alles erlaubt, was die Erwachsenen essen. Späteres Übergewicht kann schon hier seine Wurzeln haben. Werden Kinder in dieser Zeit übermäßig gefüttert, weil der Babyspeck als attraktiv gilt, so wird das kindliche Fettgewebe stark ausgebildet. Dieses in den ersten Jahren aufgebaute Reservegewebe kann später nur schwer zurückgebildet werden.

Hauptschuld an den leidigen Fettpölsterchen tragen viele fettreiche Speisen (Frankfurter / Wiener Würstchen, Backhenderl / -huhn, Leberkäse / Fleischkäse, Pommes frites, Torten, Schokolade etc.), die in der Familienkost oft in zu hohen Mengen üblich sind. Manche Eltern drücken bei ihrem pausbäckigen Nachwuchs gern ein Auge zu, denn eine bewusste Verhaltensänderung im Bereich Ernährung und Bewegung ihres Kindes bedeutet oft auch für sie selbst ein Aufgeben lieb gewonnener Gewohnheiten. Kein Wunder also, dass im Alter zwischen 8 und 14 Jahren etwa 15 % der Kinder zu dick sind.

Bedenken Sie, welchem emotionalen und sozialen Druck übergewichtige Kinder und Jugendliche ausgesetzt sind! Beherzigen Sie folgende Punkte, wenn Ihre Kinderärztin kalorienärmere Kost empfiehlt:

• Im Kleinkindalter ist keine „Diät" im herkömmlichen Sinn notwendig! Allein durch eine **Reduktion des Übermaßes an Nahrung** und durch etwas **mehr Bewegung** wird Ihr Kind während des Wachstums seine Körperform verändern.

• **Lassen Sie die Änderungen am Familientisch** eher **unbemerkt einfließen.** Für Kinder sind Erklärungen zum Thema kaum fassbar. Deuten Sie nicht darauf hin, dass sich hier ein Problem anbahnt, sondern ändern Sie lieber schrittweise und behutsam die Umstände, die für das Übergewicht verantwortlich waren. Halten Sie sich selbst an die Spielregeln, die Sie einführen wollen.

• Bauen Sie gemeinsame **Bewegung** in den Tagesplan ein, sollte Ihr Kind dazu Anregung brauchen. Grenzen Sie weiters die Zeit vor dem Fernsehgerät bzw. Computer nach und nach ein. Sitzende Spiele sind dazu kein Ausgleich – gemeinsames Turnen, Tanzen, Ballspielen und Spazierengehen schon!
Finden Sie heraus, was Ihnen gemeinsam Freude macht und nutzen Sie die Angebote in Ihrer Umgebung!

• **Sparen Sie** bei der Zubereitung der Nahrung folgendermaßen **Fettkalorien ein:** Schränken Sie die Verwendung von Schmalz, Butter, Rahm (Sahne) und Creme fraiche ein, und messen Sie die benötigte Menge an Öl für Salat und Saucen immer ab! Beim Anbraten oder Zubereiten von Palatschinken (Pfannkuchen) können Sie Fett sparen, wenn Sie das Öl für die Pfanne mit einem Teelöffel abmessen, mit einem Naturhaarpinsel auftragen oder das erhitzte Öl in eine Tasse abgießen, sodass nur ein dünner Fettfilm in der Pfanne bleibt. Bei fettreichen Suppen sollten Sie die „Fettaugen" abschöpfen oder mittels saugfähigem Küchenpapiers abheben.

• Backen Sie Kartoffeln oder Pommes im Rohr (Ofen), statt sie in viel Öl zu frittieren! **Bevorzugen Sie Gekochtes, Gedämpftes, Gegrilltes** oder **in Folie Gebackenes,** z. B. Grillhenderl (-huhn) statt Backhenderl! Schränken Sie Frittiertes oder Paniertes auf max. einmal pro Monat ein und lassen Sie diese Lebensmittel nach der Zubereitung kurz auf einem Gitter oder auf saugfähigem Küchenpapier abtropfen!
Der Vergleich zeigt: Panierte und in Öl herausgebackene Lebensmittel enthalten die 2- bis 4-fache Menge Fett!

150 g Schnitzel natur = 190 kcal
150 g Schnitzel paniert = 520 kcal

200 g Kartoffel = 140 kcal
200 g Pommes = 510 kcal

• Die meisten Wurstwaren (Bratwurst, Leberkäse / Fleischkäse etc.) enthalten relativ viel verstecktes Fett, sie sollen deshalb – auch wenn sie bequem zuzubereiten sind – nicht allzu oft angeboten werden.
Als Belag für das Abend- oder Pausenbrot sind geschnittener **magerer Braten, Schinkenwurst, Schinken** oder **Geflügelwurst** weit besser geeignet.

• Greifen Sie zu **fettärmeren Käsesorten,** zu **Magerjoghurt** und **Magertopfen (-quark),** solange das Körpergewicht Ihres Kindes oberhalb der Gewichtskurve liegt.
Lassen Sie Doppelrahmkase und Rahmkäsesorten lieber im Regal liegen und achten Sie auf den Fettgehalt bei allen Milchprodukten. Magertopfen (-quark) und Magerjoghurt lassen sich ebenso gut in Fruchtcremen oder Frühstücksflocken verwenden.

• Versuchen Sie den **Süßhunger** des Kindes statt mit fettreichen Süßigkeiten (z. B. Schokolade, Keksen, Kuchen) **durch mäßig gesüßte Hauptspeisen** (z. B. Topfenknödel mit frischer Fruchtsauce, Vollkorn-Reisauflauf mit Äpfeln, Grießkoch mit etwas Kakao) zu **stillen!** Diese enthalten wichtige Milchprodukte und bewirken zudem eine längere Sättigung, durch ballaststoffreiches Vollkorngetreide.
Wählen Sie **Vollkorn-Obst-Kuchen** statt Creme-Torte und die Tüte Maroni (Maronen) statt der Kekse als Snack zwischendurch! Bemühen Sie sich, die empfohlene Menge an **Süßigkeiten** einzuhalten. Wird von Besuchern mehr mitgebracht, so sollte es **in Tagesportionen eingeteilt** werden.

• Achten Sie auf ein gutes Frühstück, die **richtige Zwischenmahlzeit** und ein ausreichendes Mittagessen, damit sich nicht Heißhunger auf Süßes einstellt. Vollkornbrot, Grahamweckerln (Kleiebrötchen) und Beilagen aus Vollkorngetreide helfen, die Sättigung länger anhalten zu lassen. Für Schleckermäuler darf Süßes daher am ehesten ein Vollkornkuchen sein.

• Werfen Sie bei häufig verwendeten **Fertigprodukten** einen Blick auf das Etikett. Stehen Fett, Öl bzw. Zuckerarten (☞ Seite 97) an vorderer Stelle der Zutatenliste, dann sollten Sie besser zu **kalorienärmeren Produkten** greifen.

• Eine große Kalorienquelle sind fettreiche Chips und Erdnussknabbereien.

Nüsse enthalten viel Fett! Bieten Sie auf Partys eher Salzstangen, Popcorn oder kleine Brezeln an! **Gemüsestreifen mit Dip** eignen sich ebenfalls **als** frische **Knabberei** zwischendurch.

• **Vermeiden Sie stark zuckerhaltige Getränke** (Limonaden, Dicksaft, Eistee) und suchen Sie alternative, attraktive Durstlöscher, z. B. Fruchttee-Obstsaft-Gemische!

Normalerweise wird es nicht notwendig sein, überdies mit Kalorientabellen bewaffnet einen Kampf gegen den Babyspeck zu beginnen. Unter Berücksichtigung obiger Punkte sollte das Gewicht bald in den Normalbereich rutschen. Anderenfalls ist es hilfreich, ca. 1 Woche lang die Speisen in den vom Kind verzehrten Mengen aufzulisten und mit diesem Ernährungsprotokoll fachliche Hilfe bei der Kinderärztin, einer Ernährungswissenschafterin (Dipl. Oecotrophologin) oder Diätologin (Diätassistentin, in der Schweiz: Dipl. Ernährungsberaterin) zu suchen.

… mein Kind überaktiv ist?

Ist Ihr Kind extrem quirlig, ausgesprochen aktiv und ständig abgelenkt dann kann das entweder in seiner lebhaften Natur liegen, zum Krankheitsbild „hyperkinetisches Syndrom" gehören oder durch andere **äußere Faktoren** begründet sein.
Seitens der Nahrung sind es vor allem **koffeinhaltige Getränke** (☞ Schwarz- und Grüntee, Kaffee, Colagetränke, Eistee, Energydrinks) die für Überaktivität verantwortlich sein können. Dies trifft auch dann zu, wenn das Koffein **in Süßigkeiten** versteckt ist – in Colagummi, Guarana-Kaugummi, Kaffee- oder Colaeis, Kaffeeschokolade bzw. in Kaffeekonfekt. Diese Auslöser sollten Sie als Erstes aufspüren und vermeiden, wenn Ihr Kind zu „aufgekratzt" ist.
Einige Kinder sind auch lebhafter nach dem Verzehr größerer Mengen von Zucker. **Jede Art von Zucker** (Trauben-, Frucht-, Haushaltszucker, Sirup oder Honig) gelangt sehr schnell in den Körper und **erhöht sprunghaft den Blutzuckerspiegel.** Dadurch wird ein enormes Maß an Energie bereitgestellt und so manches Kind setzt diese Energie umgehend bei Spiel und Sport frei. Bieten Sie in diesem Fall mehrere Zwischenmahlzeiten mit Milchprodukten oder kleinen Brötchen an, damit die Blutzuckerschwankungen nicht zu groß sind.

In einer Umwelt, in der Kinder sich nicht mehr ausreichend bewegen dürfen, fallen angeborene und erworbene Unterschiede im Bewegungsdrang besonders auf. Vom **„Hyperkinetischen Syndrom"** spricht man erst bei auffälliger motorischer Unruhe, die oft mit **Koordinations- und Konzentrationsstörungen** einhergeht.
Das „verhaltensoriginelle" Kind kann dann nie ruhig sitzen oder eine angefangene Beschäftigung abschließen. Kommen **extreme Stimmungsschwankungen,** Herrschsüchtigkeit, Aggressivität, Groll, Zorn etc. dazu und begin-

nen die Beziehungen zum Kind darunter zu leiden, dann ist unbedingt ärztlicher Rat einzuholen.
Die **Ursachen** für die hyperkinetische Störung können vielfältig sein. Bei einigen Kindern mag die Wurzel **im psychischen Bereich** liegen, andere reagieren vielleicht sensibel auf den **Phosphatgehalt der Nahrung** und auch die Möglichkeit einer unerkannten allergischen Reaktion (z. B. auf zugesetzte Farbstoffe) besteht. Neuere Studien machen für die überschießenden Reaktionen in den meisten Fällen eine **ungewöhnliche Arbeitsweise der Botenstoffe im Gehirn** verantwortlich.
Ferner **scheinen Bewegungen, die Selbstbeherrschung erfordern** – beispielsweise Trampolinspringen, Jonglieren, Fahren mit Pedalos und Rollbrettern – **die Konzentrationsfähigkeit** dieser Kinder **zu verbessern.**

... mein Kind unter Verstopfung leidet?

Die wohl häufigste Anfrage von Eltern dreht sich um Verdauungsprobleme. Sie sollten folgende Überlegungen anstellen, wenn Ihr Kind unter seltenem und hartem Stuhlgang leidet und es sich jedesmal regelrecht dabei abmühen muss:

• **Trinkt das Kind ausreichend?** Wenn die Niere und der Darm Flüssigkeit einsparen müssen, dann kann dies zu hartem Stuhl führen. Speziell **Vollkornprodukte, die ungequollen gegessen** werden, wie Vollkornbrot oder Müsliflocken, **können das Problem vergrößern,** wenn Ihr Kind ohnehin **wenig trinkt.** Dann müssen Sie darauf achten, dass die feste Nahrung mit ausreichend „flüssiger“ Kost ergänzt wird.
Saucen, Suppen, Obst und Gemüse liefern viel Wasser. Bei Getreideprodukten sollen solche, die weich gekocht werden können, bevorzugt werden. Zum Frühstück können evtl. Milchreis oder (Vollkorn)grießbrei als Alternative zu Brot angeboten werden.

• Häufigste **Ursache** für Verstopfung ist eine **ballaststoffarme Ernährung** auf der Basis von Weißmehlprodukten. Zumindest die **Hälfte der Getreideprodukte** soll daher aus **Vollkorngetreide** bestehen.
Mit genügend Flüssigkeit putzen sie den Darm durch und sorgen für eine regelmäßige Verdauung. **Steigen Sie** bei Verstopfung jedoch **sanft** auf Vollkornprodukte **um!** Vollkorntoast und Grahamweckerln (Kleiebrötchen) sind ein guter erster Ersatz für Weißbrot. Als Beilagen sind Polentaknödel (Maisgrießbällchen), Grünkernnockerln oder Vollkornteigwaren gut geeignet.
Auch Süßspeisen und Kuchen sollten zumindest teilweise aus Vollkorngetreide bestehen.

• Für Erwachsene werden häufig Kleie und andere Ballaststoffpräparate zur Anregung der Verdauung eingesetzt. **Isolierte Kleie,** wie es sie im Reformhaus zu kaufen gibt, ist als Lebensmittel für Ihr Kleinkind **nicht geeignet.**

Sie zählt – wie **Müsligetreideflocken und Frischkornschrot** – zu den rohen Getreideprodukten, die **keinesfalls vor dem 3. Lebensjahr** angeboten werden sollen. Darüber hinaus ist Kleie eher scharfkantig und deswegen für Kindermägen nicht ideal.
Verwenden Sie stattdessen feine **Vollkornhaferflocken** als Suppenbestandteil oder – ab dem 3. Lebensjahr – als Müsli!

• **Lassen Sie Ihrem Kind Zeit, gut zu kauen!** Wird das Essen zu hastig hinuntergewürgt belastet dies den Darm. Achten Sie auf ausreichend Zeit für die Mahlzeiten und zerkleinern Sie die Speisen entsprechend den Fähigkeiten Ihres Kindes!

• **Typisch stopfende Lebensmittel – Bananen, Karotten (Möhren, Ruebli), Schokolade – sollten Sie vom Speiseplan streichen.** Vereinzelt reagieren Kinder auf Reis mit härterem Stuhl.

• Milch- und Milchprodukte sind Lebensmittel, welche die Verdauung eher anregen. **Milchzucker** wird bei Verstopfung meist auch isoliert verabreicht, er wird aus Süßmilchprodukten gewonnen. Weiters können **Milchsäurebakterien aus Sauermilchprodukten und aus Joghurt** die Darmflora fördern und so die Darmtätigkeit anregen. Spezielle probiotische Joghurts verbessern die Verdauung (☞ Seite 67).

• **Rohes Sauerkraut oder Sauerkrautsaft** enthält auch viele unterstützende Milchsäurebakterien. Rohes Sauerkraut lässt sich mit geriebenen Äpfeln oder kleinen Mengen an Karottenrohkost vermengen, so entsteht ein vitaminreicher Salat, der die Verdauung fördert. Meist ist Sauerkraut allerdings für den kindlichen Geschmack etwas zu sauer und muss vor der Zubereitung kurz in kaltem Wasser gespült werden.

• Als verdauungsanregende Zwischenmahlzeit bietet sich **klein geschnittenes Trockenobst** an, das Sie in einem Becher Joghurt mind. 1 Stunde quellen lassen. Dörrzwetschken (-zwetschgen, -pflaumen), Apfelringe oder getrocknete Feigen verfügen über Ballaststoffe und sind ein sanftes Mittel gegen Verstopfung. Auch frisches Obst (z. B. Birnen) kann hilfreich sein.

• Das Gewürz **Ysop** hat verdauungsfördernde Wirkung. Dieses Gewürz, das dem Bohnenkraut ähnelt, ist bei uns eher selten in Verwendung. Hie und da sind Ysop-Pflanzen als Gewürzstock erhältlich. Auch dem Dornschlehenblüten-Tee wird lindernde Wirkung bei Verstopfung zugeschrieben.

... mein Kind Durchfall hat bzw. erbricht?

Sowohl Durchfall als auch Erbrechen zeigen, dass Ihr Kind die Nahrung evtl. nicht verträgt. Verursacht werden diese Schnellreaktionen des Körpers meist durch **Krankheitserreger oder durch giftige Ausscheidungen von Bakterien,**

die sich bei mangelnder Hygiene in der Nahrung befinden und vermehren. . Typische Beispiele sind Campylobacter- oder auch Salmonellenvergiftung (☞ Seite 84). Auch Schimmelpilze, wie sie in verdorbenem Obstsaft oder -mus zu finden sind, kommen als Auslöser in Frage. Lassen Sie die Ursache unbedingt von der Kinderärztin abklären!
Leiden Kleinkinder längere Zeit an Durchfall, kommt es zu einem **starken Wasser- und Mineralstoffverlust.** Abhängig vom Alter, vom allgemeinen Gesundheitszustand des Kindes und von der Schwere der Durchfallserkrankung kann es bald zu einem **bedrohlichen Mangel** kommen. **Die Kinderärztin ist unbedingt rasch zu Rate zu ziehen,** besonders wenn der Stuhlgang häufiger als 3-mal täglich erfolgt!

Die Speisen und Getränke, die während der Durchfallsphase angeboten werden, müssen die Verluste an Flüssigkeit und Mineralstoffen ausgleichen und dürfen den Darm nicht zusätzlich belasten. **Schwarztee, Cola und Salzstangen** sind – entgegen der weit verbreiteten Meinung – als Nahrung des kleinen Patienten **nicht die 1. Wahl,** da sie die fehlenden Mineralstoffe nicht ausgewogen ersetzen. Cola und Schwarztee wirken zudem aufputschend.

Zum Ausgleichen des Salzverlustes sind **klare Suppen oder Haferflockensuppen ohne Rahm (Sahne)** geeignet. Zusätzlich sollen nach Belieben **warmer Kräuter- bzw. Früchtetee oder Wasser** angeboten werden. Meiden Sie sehr heiße bzw. sehr kalte Getränke oder Speisen. Apfelmus oder -kompott eignet sich als schonende Erstkost. Bananen und gekochte (Butter)karotten (-möhren) liefern ebenfalls Mineralstoffe und haben zudem stuhlfestigende Wirkung.
Als 1. „Beilagen“ sind Zwieback und Toast, Reis und Teigwaren zu nennen. Kartoffelpüree, Weißbrot und Topfen (Quark) bzw. mildes Joghurt können danach angeboten werden. In Folge werden dann weitere leicht verdauliche Lebensmittel dazugenommen.

Schwerer Verdauliches soll vorerst **vermieden werden,** dazu zählen alle fettreichen Speisen und Saucen (Pommes frites, Mayonnaise, fette Backwaren), stark gewürzte Gerichte, Geräuchertes, scharf angebratenes Fleisch, hart gekochte Eier, verschiedene Kohlgemüse, diverse Salate (z. B. Kartoffelsalat, Gurkensalat). Ebenfalls weggelassen werden sollen Hülsenfrüchte (Bohnen, Linsen) und rohes Stein- und Kernobst sowie Speisen, die Ihr Kind auch normalerweise nicht gut verträgt.

Vereinzelt können Durchfall und Erbrechen Symptome einer allergischen Reaktion sein. Treten die Beschwerden offensichtlich immer nach dem Genuss bestimmter Lebensmittel auf (z. B. auf Vollmilch, Roggenbrot, Avocado), dann ist dies mit der Ärztin abzuklären.

... mein Kind allergiegefährdet ist?

Kinder, deren Eltern oder Geschwister bereits eine Allergie haben, werden als „allergiegefährdet" bezeichnet. Allergien können durch langes Stillen im 1. Lebensjahr in vielen Fällen verhindert werden.
Eine vorsichtige Einführung der einzelnen Beikostlebensmittel gewährleistet später ein rasches Erkennen und Zuordnen unverträglicher Zutaten.

Auch beim Übergang von Säuglings- auf Kleinkindernährung ist noch Vorsicht geboten, aber Ihr Kind darf in den folgenden Monaten nach und nach alle fehlenden Nahrungsmittel kennenlernen. Dabei sollten Sie jedoch auch weiterhin nicht mehrere neue Lebensmittel gleichzeitig anbieten, damit bei evtl. auftretenden allergischen Reaktionen Rückschlüsse möglich sind.

Allergen-Einführung:
Besondere Beachtung verdienen die wichtigsten Allergieauslöser:

- *Milch*
- *Fisch, Eier und Soja*
- *Nüsse, Zitrusfrüchte*

Sie sollen in den ersten 6 Lebensmonaten vermieden werden und werden manchmal erst im Kleinkindalter angeboten.

Neuere Studien zeigen jedoch, dass ein zu langes Hinauszögern der potenten Allergene auch nicht sinnvoll ist, weil sich das Immunsystem in jüngeren Jahren besser auf die Fremdeiweiße einstellt, besonders, wenn noch gestillt wird.
Wenn das Kind bisher noch mit einer Säuglingsmilchnahrung ernährt wurde, dann wird spätestens im 13. Lebensmonat schrittweise auf **Kuhmilch** umgestiegen. Sie können vorab auch zuerst zu PRE- oder 1er-Nahrung wechseln und nach dem Aufbrauchen einer Packung auf Milchprodukte umsteigen, wenn bislang HA-Nahrung verwendet wurde.
Testen Sie beim Umstieg auf Kuhmiclh als ersten Schritt, ob das Kind wenige Tropfen Milch, die auf den Handrücken geträufelt und verrieben wurden, ohne Hautreaktion verträgt! Erst dann erfolgt der Umstieg auf pasteurisierte Milch. Langsam können einfache Milchprodukte ausprobiert werden.

Beginnen können Sie prinzipiell mit einigen Schlucken verdünnter Milch (Zwei-Drittel-Milch) oder wenigen Löffeln eines milden Joghurts. Wählen Sie dazu möglichst etwas BIO-Joghurt oder eine BIO-Frischmilch.
Beobachten Sie Ihr Kind während der nächsten 2 – 3 Wochen der Umstellung genau auf mögliche Allergiesymptome (Verdauungsprobleme, Hautreaktionen, Atembeschwerden), und erhöhen Sie die Menge an Milchprodukten langsam, wie schon im Kapitel *„Milch"* empfohlen (☞ Seite 61).

Lassen Sie sich für den Umstieg auf Milchprodukte zumindest 1 bis 2 Wochen Zeit! Vermeiden Sie in diesen Wochen andere neue Lebensmittel oder sonstige neue Allergiequellen (Waschmittel, Cremen etc.), damit evtl. auftretende Reaktionen zugeordnet werden können!

Hühnerei ist Bestandteil vieler Speisen und Fertiggerichte (z. B. Eierteigwaren, Backwaren). Manche Eltern, die Eier noch nicht im 1. Lebensjahr angeboten haben, wollen dies gerne ausprobieren, wenn sie an die glänzenden Kinderaugen angesichts der 1. Geburtstagstorte denken. Wenn Sie erst später mit Ei beginnen wollen, finden Sie Rezepte für eifreie Geburtstagskuchen in unserem Buch *„Rezepte und Tipps für Babys Beikost"* (☞ Anhang).

Bieten Sie zuerst Eier in kleineren Mengen innerhalb einer Speise (z. B. Kuchen, Teigwaren) an. Wenn keine – wie auch immer geartete – Reaktion erfolgt, können Sie 2 Tage darauf nochmals etwas Eihaltiges anbieten und bald danach sogar ein ganzes Ei (z. B. in einem Brei) verwenden.
Das Ei muss selbstverständlich nach wie vor abgekocht werden, um der Gefahr einer Salmonellenvergiftung zu entgehen. Nähere Informationen dazu und zu den altersgemäß empfohlenen Mengen finden Sie im Kapitel über ☞ Eier auf Seite 83.

Als nächste Stufe könnten **Zitrusfrüchte** in den Speiseplan integriert werden. Am mildesten und bei den Kindern am beliebtesten sind sicherlich Mandarinenspalten. Diese sind jedoch nicht zu jeder Jahreszeit erhältlich.
Sie können aber auch mit einer kleinen Menge selbst gepresstem Orangensaft beginnen, diesen über mehrere Tage als einziges neues Lebensmittel anbieten und evtl. Reaktionen beobachten.

Erdbeeren werden ebenfalls oft erst im 2. Lebensjahr angeboten. Bei den Reaktionen auf Erdbeeren handelt es sich jedoch meist nicht um klassische Allergien, bei denen schon geringste Mengen Symptome hervorrufen, sondern um Unverträglichkeitsreaktionen. Erdbeeren enthalten viel Histamin.
Eine Erdbeere wird oft problemlos vertragen, aber eine große Menge Erdbeeren löst Reaktionen aus.
Bieten Sie Erdbeeren anfangs nur in kleinen Mengen (1 – 3 Stück) an und erhöhen Sie in einer 2. Mahlzeit langsam die Menge.

Wenn Sie **Soja** als häufiges Lebensmittel in der Familienkost verwenden und die Vermeidung von Soja im 2. Lebensjahr als Einschränkung empfinden, können Sie nun – also etwa im 15. Lebensmonat – Sojaprodukte (Tofu, Sojamilch) im Speiseplan ausprobieren.
Es ist möglich, Soja ebenso wie bestimmte Nüsse erst nach dem 2. Geburtstag anzubieten, in vegetarischen Familien wird Soja oft früh verwendet.

Manche Experten raten, **Meeresfisch** erst im 3. Lebensjahr zu verwenden. Andere plädieren für die Gabe schon im 1. Lebensjahr, weil Studien gezeigt haben, dass unter Gabe von Fisch das Allergierisiko generell sinkt, obwohl Fische potente Allergene enthalten.
Beginnen Sie also mit Süßwasser fischen (Saibling, Forelle) und achten Sie darauf, dass die Fischstückchen grätenfrei sind!

Bei Meeresfischen ist das Elweiß in allen Sorten so ähnlich, dass allergische Reaktionen (fast) immer auf alle gemeinsam auftreten.
Halten Sie sich daher an die Empfehlungen im Kapitel *„Fisch“* (☞ Seite 79), und beachten Sie evtl. auftretende Symptome!

Wenn **Nüsse und Samen** als neue Nahrung dazukommen, sollten Sie zuerst mit geriebenen Mandeln oder Mandelmus (☞ Seite 87) beginnen, da diese besonders verträglich sind.

Noch ein wichtiger Hinweis:
Bei Haselnüssen sind Kreuzreaktionen zu Birkenpollen und zu rohen Äpfeln bekannt.
Wenn Ihr Kind keine Äpfel verträgt oder unter Heuschnupfen leidet, sind Haselnüsse daher längerfristig zu meiden!
Sprechen Sie unbedingt mit Ihrer Kinderärztin!

In fast jeder Schokolade (abgesehen von Bitterschokolade) sind Nüsse zur Abrundung des Geschmackes enthalten.

Weihnachtskekse, Schokoladeprodukte und Nuss-Schokolade-Brotaufstriche sind sehr häufig Quellen einer Nussallergie und sollten daher möglichst lange vermieden werden!

Dass das Kind sich an Nüssen verschlucken kann, ist eine Gefahr, die Sie ebenfalls nicht außer Acht lassen sollten!

Etwas später können dann Sonnenblumenkerne und Walnüsse dazukommen. Hasel- und Erdnüsse lösen am häufigsten Allergien aus. Sie sollen am besten erst nach dem vollendeten 2. Lebensjahr angeboten werden.

Auch im 2. und 3. Lebensjahr brauchen Kleinkinder generell **keine außergewöhnlichen Speisen** für ihren Gaumen, sondern bevorzugen die bodenständige Küche.
Sie sollten daher auch im 2. Lebensjahr den Speiseplan nicht unbedingt mit einer allzu großen Auswahl an exotischen Speisen füllen.
Beispielsweise lassen sich Avocados, die gar nicht so selten Allergien hervorrufen, problemlos noch längere Zeit vermeiden!

Treten nach dem Genuss eines Lebensmittels trotz aller Vorsichtsmaßnahmen **sofort oder innerhalb von 72 Stunden Reaktionen** auf, die eventuell allergische Symptome sein könnten, so sprechen Sie bitte mit Ihrer Kinderärztin!

Lebensmittelallergien können sich in folgenden Symptomen äußern:

- **Verdauungsbeschwerden:** ☞ Durchfall, ☞ Blähungen, Erbrechen, Bauchschmerzen manchmal zusätzlich verschleimter Stuhl

- **Atopische Dermatitis:** Ekzem oder juckender, roter Hautausschlag (z. B. Neurodermitis) oft an besonders empfindlichen Stellen (z. B. in den Ellenbeugen) oder am gesamten Körper

- **Allergische Rhinitis:** häufiger, fließender Schnupfen ohne Infektion

- **Allergisches Asthma:** hörbare Atemgeräusche bzw. häufiger Husten ohne Infektion

Da nicht jede Verdauungsstörung eine allergische Reaktion und nicht jeder Ausschlag das Zeichen einer Allergie ist, sollten Sie nicht von vornherein davon ausgehen, dass es sich um eine Allergie handelt.

Lassen Sie die Symptome von einer auf Allergien spezialisierten Kinderärztin beurteilen, bevor Sie ein verdächtiges Lebensmittel auf Dauer aus dem Speiseplan nehmen.

Treten SOFORT nach dem Genuss eines Lebensmittels oder einer Speise allergische Reaktionen auf, dürfen Sie ein 2. Mal nur unter ärztlicher Aufsicht gegeben werden! Es besteht die Gefahr einer schockartigen Reaktion, (sog. „anaphylaktischer Schock“). Dieser tritt zwar sehr selten auf, ist aber höchst gefährlich, weil dabei Atemtätigkeit und Herzfunktion beeinträchtigt werden können!
Informieren Sie bitte die Ärztin!

Speziell bei **Neurodermitis** steckt nicht immer eine Lebensmittelallergie dahinter, und es kann durch starke Einschränkungen bei der Nahrungsmittelauswahl zu einer unzureichenden Versorgung mit Nährstoffen kommen. Nur wenn sich die Symptome nachweislich und wiederholt bei Einnahme eines bestimmten Lebensmittels verschlechtern, sollte dieses Lebensmittel gemieden werden!

Besonders bei verzögerten Reaktionen oder bei Neurodermitis lassen sich einzelne Lebensmittel oft nur schwer als Auslöser erkennen.

Unterstützend bei der **Diagnose** hilft ein **„Essenstagebuch“.** Dabei werden in einem Kalender mit Stundeneinteilung auffällige Reaktionen des Kindes den aufgenommenen Speisen und Getränken gegenübergestellt.

*Ist das **Kind hochempfindlich,** hat es beispielsweise Neurodermitis, kann eine künftige Reaktion auf Nahrungsmittel nicht ausgeschlossen werden.*
*Dann sollten **alle typischen Auslöser** von Allergien vor dem ersten Anbieten **auf dem Handrücken des Kindes getestet** werden!*
Treten dort nach dem Kontakt mit dem Lebensmittel Hautrötungen oder andere Reaktionen auf, dann ziehen Sie bitte sofort eine Kinderärztin zu Rate!

Sollte Ihr Kind wirklich an einer Allergie erkrankt sein, so ist im Kleinkindalter die Wahrscheinlichkeit hoch, dass diese Allergie innerhalb von 1 – 3 Jahren von selbst verschwindet, wenn der Auslöser über den Zeitraum konsequent gemieden wird.
Dies ist nicht immer einfach, da viele Speisen und Fertigprodukte Zutaten manchmal „versteckt" enthalten und sehr komplex zusammengesetzt sind. Lassen Sie sich im Zweifelsfall von Ernährungsfachkräften beraten. Ihre Kinderärztin oder ich und mein Team helfen Ihnen gerne weiter (Beratungsangebot ☞ Seite 160).

ABKÜRZUNGEN

1er	Säuglingsflaschennahrung 1, ☞ PRE
2er	Säuglingsflaschennahrung 2, Folgenahrung
3er	Säuglingsflaschennahrung 3, Folgenahrung
°C	Grad Celsius
bzw.	beziehungsweise
ca.	circa
dl	Deziliter (1/10 Liter)
EHEC	Enterohämorrhagische Escherichia Coli
EL	Esslöffel
ESL-Milch	Extended Shelf Life-Milch („Länger-frisch-Milch")
evtl.	eventuell
F.i.T.	Fett in der Trockenmasse
HA-Nahrung	Hypoallergene Säuglingsmilch
H-Milch	Haltbarmilch
inkl.	inklusive
l	Liter
g	Gramm
kcal	Kilokalorie, im Sprachgebrauch „Kalorie"
kg	Kilogramm
kJ	Kilojoule
max.	maximal
mg	Milligramm
Min.	Minuten
mind.	mindestens
ml	Milliliter
MSC	Marine Stewardship Council
PRE	Säuglingsflaschennahrung PRE, Anfangsflasche
Stk.	Stück
TCM	Traditionelle Chinesische Medizin
TL	Teelöffel
%	Prozent
z. B.	zum Beispiel
UVP	unverbindliche Preisempfehlung (Schweiz)

WEITERFÜHRENDE LITERATUR

Allergie

„Lebensmittelallergie Neurodermitis – Was darf mein Kind essen?"
(3. Auflage), Ute Körner
aid Infodienst 2/2013
ISBN 978-3-88749-241
€ 3,00 (D) / € 3,10 (A) / CHF 4,90 UVP

„Essen und Trinken bei Lebensmittelallergien"
https://infothek-gesundheit.de/lebensmittelallergien

„Allergien vorbeugen"
Christiane Schäfer und Imke Reese
Systemed 2011
ISBN 978-3-927372-50-4
€ 14,95 (D) / € 15,40 (A) / CHF 28,90 UVP

„Ernährungstherapie bei Nahrungsmittelunverträglichkeit" Christiane Schäfer und Imke Reese
Systemed 2018
ISBN 978-3-87185-537-5
€ 24,95

Lebensmittel und Zubereitung

„Joghurt, Käse, Rahm & Co – Gesundes aus Milch selbst gemacht!"
Lotte Hanreich und Ingeborg Hanreich
Leopold Stocker Verlag 2015
ISBN 978-3-7020-1568-8
€ 19,90 (D, A) / CHF 25,30 UVP

„Käsen leichtgemacht"
Lotte Hanreich, Ingeborg Hanreich und Edith Zeltner
Leopold Stocker Verlag 2018
ISBN 978-3-7020-1762-0
€ 22,90 (D, A) / CHF 29,10 UVP

Näheres: www.stocker-verlag.com

ADRESSVERZEICHNIS

Vereine, Verbände und Selbsthilfegruppen

Allergie

Deutschland
Arbeitsgemeinschaft
Allergiekrankes Kind e.V. (AAK)
Herborn
Tel.: (+49 2772) 92 87-0
Internet: www.aak.de

Deutscher Allergie- und
Asthmabund e.V. (DAAB)
Mönchengladbach
Tel.: (+49 2161) 814 94-0
Internet: www.daab.de

Kindernetzwerk e.V.*
Hanauer Straße 15
Aschaffenburg
Tel.: (+49 6021) 120 30
Internet: www.kindernetzwerk.de

*Ist eine vernetzende Institution für betroffene Eltern von Kindern und Jugendlichen mit chronischen Erkrankungen, Entwicklungsstörungen und Behinderungen.

pina e.V. ,Lübeck
Tel.: (+49 451) 500 2550
pina-Infoline: (+49 1) 805 05 22 51*
Mo – Fr: 9.30 – 12.00 Uhr
Internet: www.pina-infoline.de

*Ist eine Initiative für ein Leben ohne Allergie und Asthma, kostenpflichtige Infoline (12 Cent/Min.).

Weiteres unter: www.allum.de,
www.allergie-experten.de und
www.forum.allergienvorbeugen.de

Österreich
Österreichische Lungenunion
Wien
Tel.: (+43 1) 330 42 86
Internet: www.lungenunion.at

Schweiz
Allergiezentrum Schweiz
aha! Schweizerisches Zentrum
für Allergie, Haut und Asthma
Bern
Tel.: (+41 31) 359 90 00
Internet: www.ahaswiss.ch
aha! infoline: (+41 31) 359 90 50
Mo – Fr: 8.30 – 12.00 Uhr

Lungenliga Schweiz
Bern
Tel.: (+41 31) 378 20 50
Internet: www.lungenliga.ch
Lungentelefon: (0800) 40 48 00
Di von 17.00 – 19.00 Uhr

Biologische Lebensmittel – Information (z. B. Saisonkalender) und Anbieter

Deutschland
Bioland e.V.
Kaiserstraße 18, D-55116 Mainz
Tel.: (+49 6131) 239 79-0
Fax: (+49 6131) 239 79-27
E-Mail: info@bioland.de
Internet: www.bioland.de

Weitere Informationen finden Sie unter:
www.naturkost.de und
www.was-wir-essen.de

Österreich
Bio Austria
Theresianum 11, A-1040 Wien
Tel.: (+43 1) 403 70 50
Fax: (+43 1) 403 70 50-190
Email: sekretariat@bio-austria.at
Internet: www.bio-austria.at

Verband österreichischer Umweltberatungsstellen
Buchengasse 77
A-1100 Wien
Tel.: (+43 1) 803 32 32
service@umweltberatung.at
Internet: www.umweltberatung.at

Weitere Informationen finden Sie unter:
www.bioinfo.at

Schweiz
Bio Suisse
Peter Merian-Strasse 34,
CH-4052 Basel
Tel.: (+41 61) 204 66 66
Fax: (+41 61) 204 66 11
E-Mail: bio@bio-suisse.ch
Internet: www.bio-suisse.ch

Verein bionetz.ch
Schmidermattweg 11,
CH-4900 Langenthal
Tel.: (+41 62) 967 39 70
E-Mail: info@bionetz.ch
Internet: www.bionetz.ch

Südtirol
Bioland Verband Südtirol
Niederhofstrasse 1, I-39018 Terlan
Tel.: (+39 471) 196 41 00
E-Mail: info@bioland-suedtirol.it
Internet: www.bioland-suedtirol.it

Ernährungsinformationen für Mutter und Kind

Deutschland
aid infodienst – Ernährung, Landwirtschaft, Verbraucherschutz e.V. (aid)
Bonn
Tel.: (+49 228) 84 99-0
Service-Tel.: (+49 180) 384 99 00*
Internet: www.aid.de

*KostenpflichtigeSeviceline (9 Cent/Min.)

Bundeszentrale für
gesundheitliche Aufklärung (BZgA)
Köln
Tel.: (+49 221) 89 92-0
Internet: www.kindergesundheit-info.de

Deutsche Gesellschaft
für Ernährung e.V. (DGE)
Bonn
Tel.: (+49 228) 37 76-600
Internet: www.dge.de

Forschungsinstitut für
Kinderernährung (FKE)
Dortmund
Tel.: (+49 231) 79 22 10-0
Internet: www.fke-do.de

Verband der Diätassistenten –
Deutscher Bundesverband e.V. (VDD)
Essen
Tel.: (+49 201) 946 85 37-0
E-Mail: vdd@vdd.de
Internet: www.vdd.de

Verband der Oecotrophologen e.V.
(VDOE)
Bonn
Tel.: (+49 228) 289 22-0
Internet: www.vdoe.de

Österreich
Verband der Ernährungswissenschafter
Österreich (VEÖ)
Wien
Tel.: (+43 01) 333 39 81
Internet: www.veoe.org

Verband der Diaetologen Österreichs
Wien
Tel.: (+43 1) 602 79 60
www.diaetologen.at

Österreichische Gesellschaft
für Ernährung (ÖGE)
Wien
Tel.: (+43 1) 714 71 93
Internet: www.oege.at

Schweiz
Schweizerische Gesellschaft
für Ernährung (SGE)
Bern
Tel.: (+41 31) 385 00 00
Internet: www.sge-ssn.ch

Neurodermitis

Deutschland
Bundesverband Neurodermitiskranker in Deutschland e.V.
Boppard
Tel.: (+49 6742) 871 30
Internet: www.neurodermitis.net

Deutscher Neurodermitis Bund e.V. (DNB)
Hamburg
Tel.: (+49 40) 23 07 44
Internet:
www.neurodermitis-bund.de

Österreich
ATOP
Selbsthilfegruppe f. Neurodermitis
Wien
www.netdoktor.at/health_center/neurodermitis/

Schweiz
Allergiezentrum Schweiz
aha! Schweizerisches Zentrum für Allergie, Haut und Asthma
Bern
Tel.: (+41 31) 359 90 50
Internet: www.ahaswiss.ch

Weitere Informationen erhalten Sie unter: www.neurodermitis.ch

Zahngesundheit

Deutschland
Informationsstelle für Kariesprophylaxe des Deutschen Arbeitskreises für Zahnheilkunde
Frankfurt am Main
Tel.: (+49 69) 24 70-6822
Internet: www.kariesvorbeugung.de

Aktion Zahnfreundlich e.V.
Berlin
Tel.: (+49 30) 30 12 78 85
Internet: www.zahnmaennchen.de

Österreich
ÖGK – Österreichische Gesellschaft für Kinderzahnheilkunde
Salzburg
Tel.: (+43 662) 664 431 09 59
Internet:
www.kinderzahnheilkunde-online.at

Schweiz
Aktion Zahnfreundlich
Basel
Tel.: (+41 61) 273 77 05
Internet: www.zahnfreundlich.ch

Vergiftungsnotruf (24 h Notfallnummer)

Deutschland

(0761)	192 40	Baden-Württemberg – Freiburg
(089)	192 40	Bayern – München
(0911)	398 24 51	Bayern – Nürnberg
(030)	192 40	Brandenburg – Berlin
(0551)	192 40	Bremen – Göttingen
(0551)	192 40	Hamburg – Göttingen
(06131)	192 40	Hessen – Mainz
(0361)	73 07 30	Mecklenburg-Vorpommern – Erfurt
(0551)	192 40	Niedersachsen – Göttingen
(0228)	192 40	Nordrhein-Westfalen – Bonn
(06131)	192 40	Rheinland-Pfalz – Mainz
(06841)	192 40	Saarland – Homburg / Saar
(0361)	73 07 30	Sachsen – Erfurt
(0361)	73 07 30	Sachsen-Anhalt – Erfurt
(0551)	192 40	Schleswig-Holstein – Göttingen
(0361)	73 07 30	Thüringen – Erfurt

Österreich

(01) 406 43 43 Vergiftuungsinformationszentrale AKH Wien

Schweiz

(01) 251 51 51 Schweizerisches Toxikologisches Informationszentrum

STICHWORTVERZEICHNIS

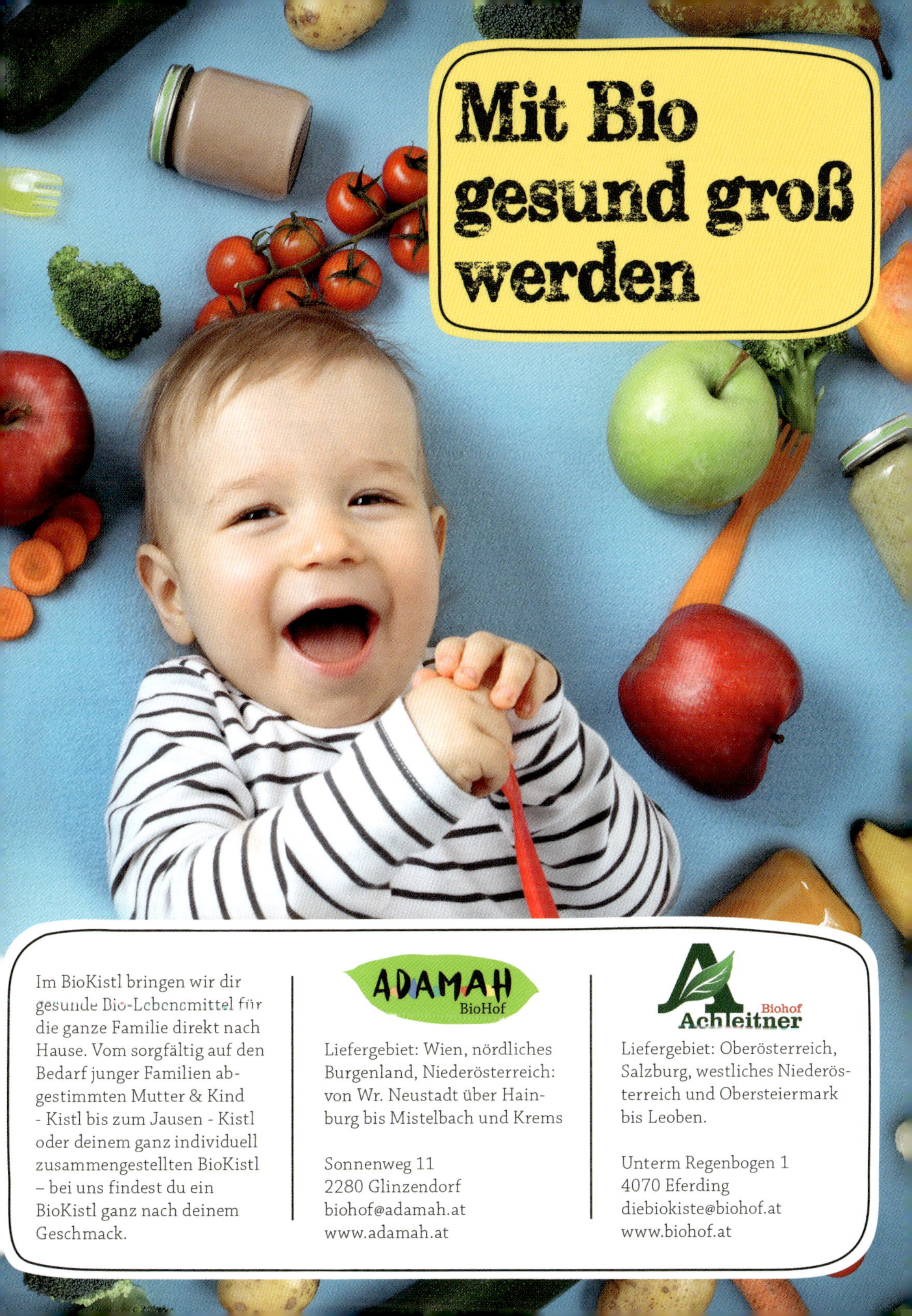
Mit Bio gesund groß werden
Im BioKistl bringen wir dir gesunde Bio-Lebensmittel für die ganze Familie direkt nach Hause. Vom sorgfältig auf den Bedarf junger Familien abgestimmten Mutter & Kind - Kistl bis zum Jausen - Kistl oder deinem ganz individuell zusammengestellten BioKistl – bei uns findest du ein BioKistl ganz nach deinem Geschmack.
ADAMAH BioHof
Liefergebiet: Wien, nördliches Burgenland, Niederösterreich: von Wr. Neustadt über Hainburg bis Mistelbach und Krems
Sonnenweg 11
2280 Glinzendorf
biohof@adamah.at
www.adamah.at
Biohof Achleitner
Liefergebiet: Oberösterreich, Salzburg, westliches Niederösterreich und Obersteiermark bis Leoben.
Unterm Regenbogen 1
4070 Eferding
diebiokiste@biohof.at
www.biohof.at

FÜR SCHWANGERE UND STILLENDE

Unser Ratgeber zur Ernährung in der Schwangerschaft bietet Ihnen **viele Alternativen** und praxisnahe Tipps, um trotz Einschränkungen während der ganzen Schwangerschaft ausgewogen versorgt zu sein.
Maßnahmen bei **Übelkeit, Erbrechen und Sodbrennen** werden genau behandelt, **Supplemente** auf ihre Sinnhaftigkeit überprüft und Tipps für die **Vorbereitung auf die Geburt** gegeben.

112 Seiten, 21 Abb. in Farbe
1. Auflage 2015
ISBN 978-3-901518-36-2
€ 14,90 (D, A) / CHF 21,90

Die Ernährungsbroschüre für die **Stillzeit** spannt den Bogen von Grundlagen zur Ernährung über die Maßnahmen nach der Geburt bis hin zu **Babyblues, Milchbildung, Blähungen, Kraftsuppe, Energiekugeln & Co.**
Tipps zu den ersten Stillmahlzeiten, zur Ernährung in der Stillzeit und zur Gewichtsreduktion nach der Stillzeit runden die Broschüre ab.

48 Seiten, 4 Abb. in Farbe
1. Auflage 2014
ISBN 978-3-901518-23-2
€ 4,90 (D, A) / CHF 8,50

Näheres: www.hanreich-verlag.at

STILLEN, FLASCHE ODER BEIKOST!

Das Handbuch zur **Ernährung im 1. Lebensjahr** bietet Ihnen wertvolle Hinweise zum **Stillen** (von Abpumpen bis Zufüttern).
Der Ratgeber widmet sich auch den **Flaschennahrungen** auf dem Markt ihrer Auswahl und Zubereitung.
Er beantwortet Fragen zum Thema **Beikostbeginn, -aufbau sowie zum Einkauf. Drei Beikostanleitungen** runden das Standardwerk ab.

176 Seiten, 25 Abb. in Farbe
9. Auflage 2021
ISBN 978-3-901518-49-2
€ 19,90 (D, A) / CHF 28,90

Ergänzend zu „Essen und Trinken im Säuglingsalter" gibt es einen Marktüberblick an **Babybreien und Gläschchenkost in Deutschland, Österreich und der Schweiz**.
Sie folgen dem **stufenweisen Aufbau** der Beikostanleitung.
Die Gläschchen-Übersicht kann auch eingesetzt werden, wenn **Gläschen unterwegs** gegeben werden.

48 Seiten, 3 Abb. in Farbe
2. Auflage 2013
ISBN 978-3-901518-21-8
€ 4,90 (D, A) / CHF 8,50

Näheres: www.hanreich-verlag.at

BABYS BEIKOST – GUT GEKOCHT!

Unser Praxisbuch zum **Kochen der Beikost** gibt Monat für Monat einfache Anleitung zur Selberzubereitung erster Babybreie.
Es begleitet Sie ab dem **(5. bis) 7. Monat** bis Ende **des 1. Lebensjahrs** anhand einer Beikostanleitung mit später Beikosteinführung zur Stillzeit.
30 Babymenüs unterstützen Sie ab 10. Monat beim Kochen für Ihr Baby UND sich.

176 Seiten, 85 Abb. in Farbe
9. Auflage 2019
ISBN 978-3-901518-31-7
€ 19,90 (D, A) / CHF 28,90

Dampfgaren – nicht nur **eine Frage des guten Geschmacks**, sondern auch der gesunden Küche.
Ob **Sterilisieren von Babyfläschchen** oder **Breizubereitung**, ob **Familienrezepte für Fleischtiger, Seemänner, Süßspechte oder Pflanzenliebhaber**, wir verraten wie's geht.
Inkl. Tabelle zur Temperaturwahl und Tipps für den Dampfgarer-Einkauf.

112 Seiten, 43 Abb. in Farbe
1. Auflage 2012
ISBN 978-3-901518-17-1
€ 14,90 (D, A) / CHF 21,90

Näheres: www.hanreich-verlag.at

BRAINFOOD UND GENUSSVOLLES

Das Praxisbuch für junge Familien mit einfach zubereitbaren, pfiffigen Rezepten und wichtigen **Tipps für Einkauf, Lagerung und Verarbeitung** von Lebensmitteln.
Mit unserer Hilfe gelingt Ihnen die **rasche Zubereitung** von 73 einfachen, kindgerechten und schmackhaften Gerichten. Traditionelle Rezepte sind ernährungswiss. optimiert. Einfache Anleitung für Kochneulinge.

192 Seiten, 80 Abb. in Farbe
5. Auflage 2021
ISBN 978-3-901518-46-1
€ 19,90 (D, A) / CHF 28,90

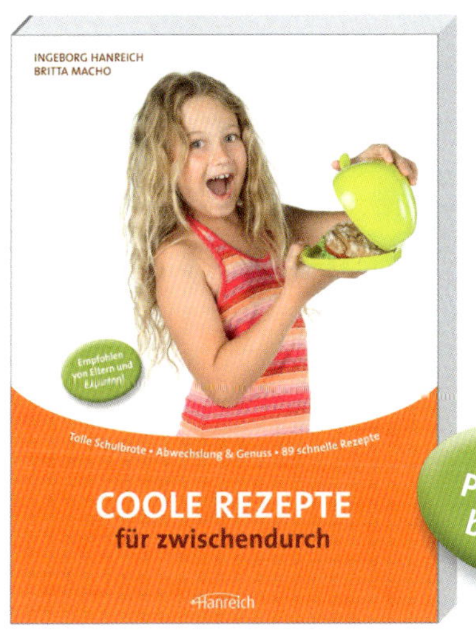

Unser Rezeptbuch für die leckere und gesunde Zwischenmahlzeit eignet sich nicht nur für die **Pause in der Schule,** sondern auch für **Kindergarten und Arbeitsplatz.**
Wertvolle Tipps zur Zubereitung (z. B. zum Kettenkochen) werden gegeben. Weiters erfahren Sie, **was Schulkinder brauchen** und wie ideales **Brainfood** (Futter fürs Gehirn Ihres Kindes) zusammengesetzt ist.

176 Seiten, 73 Abb. in Farbe
3. Auflage 2021
ISBN 978-3-901518-14-0
€ 19,90 (D, A) / CHF 28,90

Näheres: www.hanreich-verlag.at

MÄRCHENHAFTES & ABENTEUERLICHES

Mitten im Winter bricht der Frühling aus! Aber nur auf dem Kopf der alten Frau Berta. Denn der beginnt plötzlich zu blühen.
Krankheit oder Wunder? Frau Berta muss dies umgehend abklären.
Eine märchenhafte Geschichte mit einem „köstlichen“ Ende.

Prämiert mit dem 1. Preis in der Kategorie „Märchen“ Akut 2012.

40 Seiten in Farbe
1. Auflage 2013
ISBN 978-3-901518-22-5
€ 14,90 (D, A) / CHF 21,90

Das wunderschöne Korallenriff wird durch einen lecken Öltanker unbewohnbar. So müssen der Hutfisch und seine Freunde es verlassen. Ob unsere Fischfreunde in dem spukenden Wrack ein neues Zuhause finden?
Seht selbst, wer sich darin verbirgt und was es bringen kann, **wenn alle Freunde an einem Strang ziehen.**
Über Hilfsbereitschaft und Vertrauen.

40 Seiten in Farbe
1. Auflage 2012
ISBN 978-3-901518-18-8
€ 14,90 (D, A) / CHF 21,90

Näheres: www.hanreich-verlag.at

GLÜCK UND POSITIVE SICHTWEISE

Bertl, die Maus, und Adele, der Schmetterling, wollen ihrem Freund, dem Hasen Ferdi, helfen, wieder glücklich zu sein. So machen sie sich auf die Suche nach dem Glück. Wollt ihr wissen, was Kater Fauli und die Schnecke Schleichi ihnen dabei verraten?
Ein **interaktives Ideenbuch für kleine Glückssucher** mit fundierten Tipps aus der Glücksforschung. Und die Geschichte einer Freundschaft.

32 Seiten in Farbe
2. Auflage 2017
ISBN 978-3-901518-19-5
€ 14,90 (D, A) / CHF 21,90

Herr Grant macht seinem Namen alle Ehre, ständig ist er schlecht gelaunt und sieht alles negativ.
Bertl und Adele erfinden ein Spiel, um eine positive Sichtweise zu üben.
Ob es Herrn Grant gelingt sich zu wandeln und fröhlicher zu werden? Seht selbst!
Ein interaktives Kinderbuch für Kinder ab 3 Jahren.

40 Seiten in Farbe
2 Auflage 2018
ISBN 978-3-901518-42-3
€ 14,90 (D, A) / CHF 21,90

Näheres: www.hanreich-verlag.at

HERZENSWÄRME UND EINE SEELENREISE

Ausgelacht zu werden, ist nicht fein. Das denkt sich auch der kleine, himmelblaue Löwe. Er wünscht sich so sehr, zu sein wie alle anderen Löwen. Wie gut, dass es am Kilimandscharo einen Zauberer gibt.
Warum der kleine Löwe trotzdem „anders" bleibt und was er für Freunde hat, erfährt ihr in dieser Geschichte.

Ein Buch über das Besondere in jeder Persönlichkeit.

32 Seiten in Farbe
1. Auflage 2015
ISBN 978-3-901518-37-9
€ 14,90 (D, A) / CHF 21,90

Jedes Ende ist der Anfang einer neuen Reise. Als der himmelblaue Löwe stirbt tragen die Vögel seine Seele zum Himmel, an den Wolken lassen sie sie frei und dann beginnt ein Abenteuer.

Duftig illustriert und kindgerecht aufbereitet ist diese **Geschichte einer Seelenreise quer durch alle Religionen** und darüber hinaus.

32 Seiten in Farbe
1. Auflage 2016
ISBN 978-3-901518-41-6
€ 14,90 (D, A) / CHF 21,90

Näheres: www.hanreich-verlag.at

WERTVOLLE GESCHENKE

Bertl, die Maus, und Adele, der Schmetterling, wollen ihrem Freund, dem Hasen Ferdi, helfen, wieder glücklich zu sein. So machen sie sich auf die Suche nach dem Glück.
Herr Grant macht seinem Namen alle Ehre, ständig ist er schlecht gelaunt und sieht alles negativ. Bertl und Adele erfinden ein Spiel, um eine positive Sichtweise zu üben.
Ein Hör-Buch mit Bonusmaterial für Glückssucher und Glückssucherinnen.

1. Auflage 2016
ISBN 978-3-901518-44-7
€ 19,00 (D, A) / CHF 28,90

Fünf Gedichtbände aus Ingeborg Hanreichs Feder und eine Hör-CD von ihr gesprochen sind ideale persönliche Geschenke für Ihre Freundin oder Ihren Freund – poetisch und heiter.

ISBN 978-3-901518-24-9
ISBN 978-3-901518-25-6
ISBN 978-3-901518-32-4
ISBN 978-3-901518-39-3
ISBN 978-3-901518-45-4
€ 3,90 (D, A) / CHF 6,50

Hör-CD ISBN 978-3-901518-11-9
€ 4,90 (D, A) / CHF 8,50

Näheres: www.hanreich-verlag.at

BESUCHEN SIE MEINE KIDS-GALLERY!

Anmerkung der Autorin:

Auf der Suche nach dem besten Kinderfotografen in Wien?
Einem Profi für Aufnahmen sowohl im Studio als auch im Freien?

Die Autorin von *„Essen und Trinken im Kleinkindalter“* hat aus gutem Grund diese Wahl getroffen!
Überzeugen Sie sich selbst von Karl Grabherrs Fähigkeiten als Fotograf von **Babys und Kleinkindern,** von seiner Vielseitigkeit und der Professionalität, mit der er ans Werk geht.
Seine Fertigkeiten reichen von interaktiven 3D-Panoramen über Architektur-, Werbe- & Industrie-Fotografie sowie Business-Portraits bis hin zu sehr **gefühlvollen Stimmungsbildern.**
Weitere Informationen sowie eine Auswahl seiner Werke finden Sie unter:

Karl Grabherr
Fotografenmeister

Mag. Ingeborg Hanreich hat 1991 das Studium der Ernährungswissenschaften an der Universität Wien abgeschlossen. Sie absolvierte 2003 die Prüfung zur Stillberaterin (IBCLC).

Als freiberuflich tätige Expertin widmet sie sich vor allem dem Bereich der „Ernährung von Mutter und Kind".
Sie hält Seminare und Vorträge für Eltern, ElternberaterInnen, Hebammen, Säuglingsschwestern und ApothekerInnen.

Frau Mag. Hanreich war Gründungspräsidentin des Verbandes der Ernährungswissenschafter Österreichs und lange Jahre in dessen Vorstand (derzeit ist sie im wiss. Beirat & Ehrenmitglied). Außerdem war sie Vorstandsmitglied des „Informationskreises Kind und Ernährung" und betreute jahrelang dessen Hotline und später eine zweite kostenpflichtige Hotline.

Im Jahr 1994 gründete sie den Hanreich-Verlag (vorerst als Eigenverlag, seit 2009 als gewerblichen Verlag) und publizierte bislang neun Werke zur Ernährung von Mutter und Kind.
Als Coautorin hat sie im Stocker Verlag u.a. gemeinsam mit ihrer Mutter das Buch *„Joghurt, Käse, Rahm & Co"* und *„Käsen leicht gemacht"* herausgebracht und im Naturamed Verlag *„Ernährung und Gesundheit – Von anderen Kulturen essen lernen"*.

Aus ihrer Feder stammen noch zwei Kinderbücher *„Die Geschichte vom himmelblauen Löwen mit dem großen Herzen"* und *„Die Geschichte von himmelblauen Löwen im Seelensee"*. Außerdem sind bereits 5 Gedichtbände und eine Gedicht-CD von ihr erschienen.

Mag. Ingeborg Hanreich
Ernährungswissenschafterin und Stillberaterin

Ab Herbst 2008 war sie Lektorin an der Fachhochschule für Hebammen in Krems und Salzburg, derzeit in Wien.
Ihr Credo:
„Das Feedback von Eltern an unserer Hotline und in Seminaren sowie Anregungen unserer Leserinnen und Leser zeigen uns immer, was gerade die Herzen bewegt.

Ich schätze dieses Feedback sehr und es ist mir ein wichtiges Anliegen, unsere Bücher für Sie so aktuell wie möglich zu halten."

Ingeborg Hanreich

Liebe Leserinnen und Leser!

Wir freuen uns sehr, wenn wir Ihnen mit unserem Ratgeber Informationen zur Ernährung Ihres Kindes geben konnten. Möglicherweise sind jedoch Fragen offen geblieben.
Verständnisfragen zum Inhalt dieses Buches können Sie gerne direkt an den Verlag richten:

Verlag • Beratung • Information
Mag. Ingeborg Hanreich
Esterhazygasse 7/2, A-1060 Wien
Mobil & Whatsapp:
+43 (0) 699 17 19 75 03
E-mail: office@hanreich-verlag.at
Telegram: @hanreich_verlag
Facebook:/hanreich.verlag
Internet: www.hanreich-verlag.at

Anregungen und Kritik von Ihrer Seite sind uns ebenfalls gerne willkommen, denn dieses Buch ist schon dank mancher Rückmeldung verbessert und erweitert worden.

Bei Fragen, die die individuelle Situation Ihres Kindes betreffen, nimmt sich Frau Mag. Hanreich gerne telefonisch, per E-Mail oder im persönlichen Gespräch für Sie Zeit.
Sie informiert gerne zum Thema Stillen, Flaschenkost, Beikost und Ernährung im Kleinkindalter sowie zur Ernährung in Schwangerschaft und Stillzeit.
Termine für ein Telefongespräch oder einen persönlichen Termin können Sie unter der Telefonnummer +43 (0) 699 17 19 75 03 gerne vereinbaren. Näheres: www.hanreich-verlag.at/beratung

Seminare, Workshops, Vorträge und Mütterrunden mit Frau Mag. Ingeborg Hanreich können ebenfalls unter der Tel.: +43 (0) 699 17 19 75 03 gebucht werden.

Näheres finden Sie auf unserer Homepage www.hanreich-verlag.at.